바위틈에서 피어난 기적

바위틈에서 피어난 기적

저자 : 신바울

에델바이스(Edelweiss)

에델바이스는 독일어로 '고귀한 하얀색'이라는 뜻이다.
꽃말은 '고귀한 사랑', '소중한 추억'이다.
이 꽃은 높은 산악 지대에서 여러해살이풀로 자라
꽃을 피운다.
꽃잎이 마르더라도 색이 바래지 않는 특징이 있다.
이 꽃에서 예수님의 모습이 선명하게 보인다.

봉재산 바위에 올라 앉으면

송도 국제도시와 그 너머 인천 앞바다

그리고 인천국제공항까지의 풍경이

파노라마처럼 펼쳐 보였다.

나는 이 바위를 기도장소로 정했다.

내가 이 바위를 발견하고 기도를 시작한 날은

한국에 도착한 2013년, 그해 첫얼음이 언

11월 27일이었다.

그렇게 하나님의 얼굴만을 구하며 하나님과 독대하는

산 기도가 시작되었다.

추천사

신 목사님이 쓰신 책 『바위틈에서 피어난 기적』이 출판되었습니다.

책이라기보다는 신 목사님의 심장 같았습니다.
신 목사님은 이 시대에 하나님이 찾으시는 일꾼입니다.
방향을 잡지 못한 성도들이 갈망하는 지도자입니다.
지친 목회자들에게 소망을 주는 등대입니다.

한 송이 국화꽃을 피우기 위하여 소쩍새는 봄부터 울어야 했습니다. 지금의 신 목사님을 만들기 위하여 하나님은 필리핀으로, 미국으로 그리고 송도로 몰아붙이셨습니다.

나는 비교적 가까운 거리에서 신 목사님을 보아 왔습니다. 그는 네 가지를 부를 수 있는 목회자입니다.

첫째, 기도의 응답을 부르는 목회자입니다. 먹는 날보다 금식하는 날이 더 많은 것 같았습니다. 서 있을 때보다 엎드려 있을 때가 더 많은 것 같았습니다. 늘 기도하는 목사이기에 기도의 응답을 불러왔습니다. 꿈은 꿈꾸는 자를 가혹하게 합니다. 주님이 주신 꿈은 신 목사님을 가혹하게 몰아왔습니다. 그러나 기도로 승리하고 있습니다.

둘째, 기적을 부르는 목회자입니다. 그의 기도는 하나님께서 기적을 일으키실 수 있는 공간을 제공했습니다. 그래서 보기에 신기하고, 들으면 경이로운 사건들을 많이 만드셨습니다. 불가능해 보이던 일도 가능하게 하셨습니다. 신 목사님은 지금 거인의 발자국을 옮기고 있습니다. 쟁기는 뒤로 가지 않습니다. 기적의 전진은 또다시 이어질 것입니다. 물은 길이 없다고 멈추지 않기 때문입니다.

셋째, 사람을 부르는 목회자입니다. 다른 사람이 생각하지 못하는 일, 타의 추종을 불허하는 신선한 아이디어는 하나님이 그에게만 준 지혜같이 보였습니다. 이는 많은 사람이 뜻을 모으는 동력이 되고 있습니다. 그는 사람을 곁으로 부를 수 있는 능력이 있습니다.

넷째, 교회의 성장을 부르는 목회자입니다. 교회 성장이 더딘 시기입니다. 그럼에도 신 목사님은 교인 한 명 없는 공허 속에서 길거리 전도를 시작으로 교회의 비약적인 성장을 이뤄냈습니다. 나는 신 목사님에게 교회 성장 세미나를 열어 많은 목회자에게 도전할 용기를 주어야 한다고 말하고 있습니다.

방향이 속도보다 중요합니다.

잘 잡힌 방향으로 순항할 것입니다.

풀을 베는 사람들은 들판의 끝을 보지 않고 눈앞에 풀을 하나하나 베어나갑니다.

거친 파도는 사공을 유능하게 합니다.
흔들리지 않고 피는 꽃은 없습니다.
믿음은 동굴이 아니라 터널입니다.
성공은 대박이 아니라 누적입니다.
과정이 힘들면 결과가 소중합니다.
정말 힘든 과정으로 성전이 이루어졌습니다.
소중한 미래가 기다리고 있습니다.

이 책을 출판한 후 더 좋은 책이 나오도록, 더 많은 간증 거리가 생기기를 기대합니다.

축하드립니다.
응원하고 싶습니다.

2024년 2월

충주 봉쇄수도원 원장 강문호 목사

프롤로그

다시는 돌아오지 않을 줄 알았던 한국으로 돌아온 지도 어느덧 10년이 지났다. 나는 태어나고 자란 인천을 벗어나, 밖으로 나가 본 적이 거의 없는 인천 짠물이었다. 주님은 그런 나를 필리핀 선교사로 6년, 미국 이민자 목회로 10년, 긴 세월동안 외국 땅에서 지내게 하시더니 2013년 다시 사랑하는 나의 조국 대한민국으로 부르셨다.

필리핀으로 떠나기 전 고국에서의 마지막 날, 나는 아직 동도 트지 않은 제물포(인천항)의 깊고 어두운 바다 앞에 섰다. 이 바다를 바라볼 때마다 은둔의 나라 조선을 찾은 선교사들의 얼굴이 떠올랐다.

앳된 얼굴이었을 그들은 당시의 조선을 보며 무슨 생각을 했을까? 결사의 의지가 담긴 얼굴에는 비장함이 서렸을까? 복음으로 새로워질 이 땅을 꿈꾸며 불같은 열정으로 타올랐을까? 아마도 둘 다겠지.

"우리는 부활절 이곳에 도착했습니다.
오늘 죽음의 철장을 산산이 깨뜨리시고 부활하신 주께서
이 나라 백성들을 얽어맨 결박을 끊으시고,
그들에게 하나님의 자녀가 누리는
빛과 자유를 허락해 주시옵소서"

- 아펜젤러의 기도문 중에서 -

이름 없이 빛도 없이 헌신의 땀과 순교의 피를 이 땅에 뿌린 선교사들과 그의 가족들, 그리고 복음의 불모지였던 어둠의 땅에 부흥의 불꽃을 피워낸 하나님의 역사, 세계 기독교 역사에서도 한국의 부흥은 이례적인 일이라고 평가된다.

이 놀라운 불길을 경험한 노블 선교사는 코리아 미션 필드(The Korea Mission Field)에 '이것은 사도행전 이후 가장 강력한 성령의 역사'라고 기술했다[1]. 그 결과, 한국은 24시간 꺼지지 않는 십자가의 붉은 불빛으로 가득한 복음의 땅이 되었다. 게다가 복음에 빚진 수많은 일꾼을 불러 전 세계로 역수출하는 선교 대국이 되었다.

나는 인천 앞바다가 내려다보이는 산을 자주 올랐는데, 회심하고부터는 종종 제물포항을 찾아 이렇게 기도하곤 했다.

"주님, 복음이 들어온 이곳 제물포항!
저 힘찬 뱃고동 소리와 함께 다시 이곳에서 복음이 전 세계만방으로 뻗어나가게 하옵소서!"

세월이 지나고 보니 이 기도가 나에게로 돌아왔다. 그래서 나는 복음을 들고 낯선 땅을 향하는 이방인 선교사가 되었고 주님은 필리핀 땅에서 놀라운 부흥을 경험케 하셨다. 주님은 그 땅에서 당신의 잃어버린 백성들에 대한 마음을 분명하고 확실하게 보여주셨다.

---

1) W. A Noble, "Importance of Daily Prayer-meeting," KMFIII:3(March, 1907):43.

제 모양도 갖추진 못한 열악한 형태의 교회로 사람들이 꾸역꾸역 몰려들었다. 그렇게 한 작은 도시(municipal of Jala-jala)가 완전히 복음으로 변화되는 것을 경험하게 하신 주님은 더욱 큰 사명을 주시면서 우리 가족의 거처를 미국으로 옮겨 주셨다.

순수한 마음을 가진 필리핀 성도들과 눈물로 이별하던 날, 꼭 다시 돌아온다는 약속을 남기고 주님의 말씀을 따라 미국으로 향했다. 하지만 내 마음은 여전히 필리핀에 있었다. 미국에서, 동트기 전 이른 새벽마다 강단에 엎드려 기도하노라면 순회 전도 집회를 위해 수도 없이 다녔던 필리핀의 좁다란 길들이 생생하게 떠올라 어느새 나는 그 길 위를 달리고 있었다.

미국에서 영주권을 받자마자 약속을 지키기 위해 필리핀을 찾았다. 작은 바람에도 흩날리는 봄꽃 같던 그들이 어느덧 바람에 흔들릴수록 더 짙은 향기를 피워내는 가을의 국화꽃처럼 단단하고 향기롭게 피어 있었다. 나는 지금도 매년 필리핀을 방문하여 전도 집회, 목회자 세미나를 인도한다. 이 일은 내게 가장 설레고 기쁜 일 중의 하나이다.

우리 가족은 그런 필리핀 땅에서의 기억을 가슴에 묻고 미국 생활에 적응해야 했다. 빈손으로 도착한 미국이었지만 주님은 메릴랜드에 교회를 개척하게 하시고 선교학 교수로서 학생들을 양성하게 하셨다. 점차 지역 교계에서도 인정을 받게 되었고 목회도 자리를 잡아갔다. 그러던 어느 날, 또다시 강력한 주님의 말씀이 떨어졌다.

사로잡힌 네 민족에게로 가서
그들이 듣든지 아니 듣든지 그들에게 고하여 이르기를
주 여호와의 말씀이 이러하시다 하라
(에스겔 3:11)

그렇게 2013년, 나는 16년 만에 인천으로 돌아왔다. 바다가 내려다보이는 산에 올라 사랑하는 나의 조국 대한민국을 위하여 하염없는 눈물의 기도를 드렸다. 아니, 성령님께서 나를 기도하게 하셨다. 나의 기도는 마치 130여 년 전 이 땅을 찾은 언더우드 선교사가 우리 민족을 위하여 드린 애끓는 기도와 같았다.

"주님! 지금은 아무것도 보이지 않습니다.
보이는 것은 그저 고집스럽게 얼룩진 어둠뿐…….
그들은 왜 묶여 있는지도
고통이라는 것도 모르고 있습니다.
- 언더우드의 기도문 중에서 -

내가 이 책을 쓰게 된 이유이다. 처음 고국을 떠났을 때처럼 여행 가방 하나 들고 빈손으로 다시 돌아온 고국에서 주님은 급하고 강한 바람처럼 역사하셨다. 고국에 돌아와 보니 20여 년 전과 영적 분위기가 너무나 달라져 있었다. 선교지와는 다르게 기적을 바라고 꿈꾸는 사람이 없었다. 기적을 간증하는 일은 무척이나 특별한 사람에게나 일어나는 일로 치부됐고, 의심의 눈길로 바라보는 이들이 더 많았다. '기적'이라는 단어를 말하는 것조차 조심스러울 정도였다.

그러나 무엇이 두려우랴! 누가 무어라 해도 기독교는 기적 그 자체이다. 살아계신 하나님을 믿는 자녀에게 기적의 삶은 아주 마땅한 일이다. 우리 가족에게는 나와 아내뿐 아니라 자녀들에게도 많은 기적의 간증이 있다. 이것은 전혀 이상한 일이 아니다. 주님이 주인 되신 자녀로서 누리는 삶의 특권일 뿐이다. 나는 사랑하는 성도들을 위하여 이렇게 기도한다.

"주여! 오늘도 기적 같은 일이 기적처럼 일어나게 하소서!"

세계 어느 나라에서도 찾아보기 드문 한국 기독교의 역사는 한 단어로 표현한다면 '기적'이 아니겠는가? 이는 주님께서 지금도 살아 역사하신다는 분명한 증거일 뿐 아니라 주님의 분명한 의지이시다. 이 책에서는 우리 가족에게 행하신 기적과 송도주예수교회의 개척에서부터 지금까지 행하신 기적, 앞으로 송도국제도시에 이루실 부흥, 나아가 인천과 대한민국을 다시 한번 복음으로 새롭게 하실 주님의 기적, 우리에게 주신 열방 선교의 비전을 이루어 갈 창끝 선교회의 사명 그리고 전략을 나누고자 한다.

주님은 지금 갈라진 바위틈에서 모세와 같은 일꾼을 길러내고 계신다. 그리고 때가 되면 덮었던 손을 열어 그들을 나오게 하시고 연합하게 하실 것이다. 왜냐하면, 성경은 전무후무한 전 세계적인 영적 대추수를 예고하고 있기 때문이다. 그리고 지금 부흥의 파도가 밀려오는 소리, 뽕나무 가지 꼭대기에서 부흥을 안고 오시는 우리 주님의 발걸음 소리가 아주 가까이 들려오고 있기 때문이다.

하나님은 지금, 이 글을 읽고 있는 당신을 함께 할 군사로 부르신다. 당신이 처한 상황이 어떠하든지 무엇을 하고 있든지 이 책을 읽고 있는 당신을 여호와의 군대로 부르신다.

그 부름에 순종하라. 주님은 이를 위하여 당신을 [전-성-기의 삶]으로 이끌어 주실 것이며, 마침내 당신은 기적의 중심에서 하나님의 영광을 보게 될 것이다.

이 책을 통해 큰 영광을 받으실 성 삼위 하나님께 감사와 찬송을 올려 드린다.

"주님, 모든 일 주님께서 하셨습니다. 아멘!"

그리고 지금도 눈을 감으면 선명하게 떠오르는 필리핀의 현지인 성도들과 목회자들, 미국 이민 목회 현장에서 동고동락해 온 성도들 그리고 지금 송도 땅에서 함께 하늘의 비전을 품고 달리는 러닝메이트 송도주예수교회 성도들에게 박수를 보낸다.

특별히 이 책이 인쇄물로 나오기까지 수고해 준 김봉우 권사와 김보란 권사에게 감사드린다.

끝으로 결혼 후 38년 동안 전도 현장, 선교 현장, 목회 현장에서 한결같은 동역으로 함께해 온 아내 박그레이스 사모와 두 딸 예선, 예희에게 고마운 마음을 전한다.

2024년 2월

송도 땅에서 Fiery Evangelist,

신바울 목사

신동식이라는 이름을 신바울로 바꾸어 사용하게 되었다.
아래 글은 2016년 10월 23일 주보 목양 칼럼에 올린 내용이다.

새 이름, 새 각오

얼마 전, 아내와 함께 미국 영주권을 반납하기 위해 주한 미국 대사관을 찾았다. 입구에서 보안 검사를 마치고 아주 익숙한 미국 냄새가 물씬 나는 건물 안으로 입장했다. 미리 작성해 간 서류를 제출하고 기다리니 잠시 후 심사를 마친 담당자가 나왔고, 포기를 확인하는 질문과 대답 하나로 간단하게 모든 포기 절차가 끝났다.

곧바로 여권도 거주 여권에서 일반 여권으로 바꾸었다. '재외국민'이라고 되어있는 주민등록증도 일반 주민등록증으로 바꾸었다. 그동안 외국인 번호로 사용해 오던 운전면허증도 새것으로 바꾸었다. 이 과정에서 많은 생각이 오갔다.

'진정 하나님께서 우리를 한국으로 부르신 걸까?
우리가 한국으로 다시 돌아올 이유가 분명했을까?'

귀국 후 지난 3년을 되돌아보니 이유는 너무나도 분명했다. 그래서 앞으로 나는 다음 세 가지 목적과 향후 10년 목회에 승부를 걸고 All-in 하려고 한다.

첫째, 하나님의 End-Timeline(마지막 시간표)에 맞는 동선
둘째, 우리 교회의 건강한 성장과 모델 케이스로서의 역할 감당
셋째, 내 인생의 마지막 남은 열정을 완전 연소

이 모든 일을 이루며, 천국 입성하여 주님 앞에 설 그날을 준비하는 마음으로 살아가려고 한다.

미래학자들은 앞으로 10년 안에 전 세계적으로 정치, 경제, 군사, 기후 등 엄청난 변화들이 일어날 것이라고 말한다. 이 말은 교회의 역할이 더욱 중요해졌다는 뜻이다. 중요한 시대마다 하나님께서는 사람을 부르시고 그들에게 새로운 사명과 새로운 이름을 주셨다. 나는 필리핀과 미국에서 살아온 16년 동안 현지인들과의 원활한 소통을 위하여 '바울(Paul)'이라는 영어식 이름을 사용해 왔다. 이제 한국에서도 이름을 '바울'로 하고 새로운 마음가짐으로 새로운 출발을 하고자 한다.

이를 놓고 많은 시간을 기도했다. '바울'이라는 이름을 사용하려는 이유는 자랑거리로 삼기 위함도, 우쭐하고픈 욕망 때문도 아니다. 우리가 잘 아는 대로 엄청난 업적을 이룬 바울 사도께서 남긴 마지막 말씀처럼, 오직 바울 사도처럼, 죽는 날까지 사고로 죽지 않고, 병들어 죽지 않고, 하나님의 뜻대로만 쓰임 받고 싶은 마음 그

리고 사도께서 생애 마지막 남긴 말이 나의 고백이 되기를 원하는 마음 때문이다.

……죄인 중에 내가 괴수니라

(딤전1:15)

법적인 개명까지는 좀 더 생각해 보아야겠지만 지금부터는 신바울 목사로 불러주시기를 바란다.

신바울 목사의 개명은 2019년 합법적인 절차를 통하여 호적 정정까지 이루어졌다.

목차

제2장 내 인생 최고의 전성기

제3장 예행연습

제5장 **약속대로 주신 새 이름 '창끝'**
Spear Head Mission

제6장 **Empower Next Generation.**
28분 엔진(E.N.Gen) 기도회

제1장 다시 나의 사랑 고국으로

| 첫번째 이야기

함량 미달 목사

데겔은 왕을 저울에 달아 보니 부족함이 보였다 함이요

(다니엘 5:27)

†

하나님의 말씀 저울에 달아 보니 나는 함량 미달이었다.

하나님께서는 2003년 필리핀 할라할라(Jala-jala) 지역에서, 순회하며 전도 집회를 통한 교회 개척 사역을 하던 나를 미국의 수도 워싱턴과 붙어 있는 메릴랜드 주(州)로 옮겨 주셨다.

필리핀 선교지에서의 사역은 십자가 복음의 정확한 전달과 회심, 영접과 결단, 그리고 치유와 회복 중심이었다. 집회 현장에서는 다양하고 강력한 성령의 역사가 나타나 많은 결신자가 생겼고, 이들이 개척 성도가 되어 이 동네 저 동네 교회들이 세워졌다.

선교지에서 사역하는 동안 다양한 성령의 은사와 역사를 경험한 나는 성령의 역사와 하나님의 말씀으로 균형을 잡기 위해 의도적으로 성경을 더 많이 읽고 원어를 찾아보며 말씀 연구에 매진했다. 그리고 성령의 역사와 기록된 성경 말씀의 영적 균형을 이루어 갔다. 그럴 즈음에 수없이 읽고 연구했던 성경이 너무나 새롭고 강하게 나의 마음을 움직이기 시작했다.

그날도 늦은 시간까지 말씀을 읽고 있었다. 말씀에 붙잡혀 있었다는 말이 맞을 것이다. 강력하게 이끄시는 힘에 의해 나는 성경을 손에서 놓을 수 없었다. 바로 그때였다. 불꽃 같은 눈동자로 나를 바라보시는 하나님의 시선이 느껴졌다. 엄숙하고 근엄한 눈빛이 순식간에 나를 사로잡았다. 그분 앞에 선 것이다. 나는 심판자이신 하나님의 위엄(威嚴)에 압도당했다.

당시 나는 구원의 확신이 없었던 것도 아니요, 성령의 영적 은사 체험을 하지 못한 것도 아니었다. 목회 현장 혹은 선교 현장에서 성령님의 역사는 뜨겁고 강력하게 나타났으며, 기도할 때 하나님의 임재하심과 영적 친밀감은 더 깊어졌다.

때마다 주시는 성경 말씀을 붙잡고 나름 주님의 일을 잘 감당해 왔다고 생각했다. 나는 항상 성경을 읽고 가르치는 일, 말씀을 붙잡고 기도하는 일, 그리고 복음 전하는 일을 쉬지 않고 해왔다. 그러나 다시금 하나님의 말씀 저울에 달아 보니 나는 함량 미달이었다. 미달도 이만저만 미달이 아니었다. 내 속에서 절망의 탄식이 흘러나왔다.

"아, 나는 목사 노릇 하다가 지옥에 갈 뻔했구나."

나는 다시 주님의 말씀을 펴들었다. 그리고 창세기부터 요한계시록까지 읽어 내려가기 시작했다. 그리고 말씀에 나를 비추어 그 말씀에 저촉되거나 미달 되는 죄들의 목록을 작성하고 철저히 회개하기 시작했다. 먼저, 인간관계에서 발생했던 일들은 문제의 원인이 나에게 있든 타인에게 있든, 일일이 찾아가서 용서를 구하고 관계를 회복했다.

다음으로, 어떤 이유에서건 빌린 후에 갚지 않은 돈은 없는지, 빌려온 물건이나 책을 돌려주지 않은 것은 없는지 꼼꼼히 찾아보고 돌아보며, 갚을 것은 갚고 돌려줄 것은 빠르게 제 자리에 돌려놓았다. 그리고 나만이 알고 있는 내 속의 은밀한 죄들, 양심에 가책될 만한 생각과 문제들은 예수 그리스도의 십자가 보혈의 공로를 의지하며 하나씩 철저하게 회개하였다.

말씀 잣대 앞에서의 회개는 긴 터널을 통과하는 듯한 시간이었다. 완벽한 절망과 함께 완벽한 기쁨과 평안으로, 주님은 이전과는 완전히 다른 차원의 영적 세계로 나를 이끌어 주셨다.

| 두번째 이야기

뜻밖의 선물

너는 내게 부르짖으라 내가 네게 응답하겠고
네가 알지 못하는 크고 은밀한 일을 네게 보이리라
(예레미야 33:3)

회개 기도는 주께서 깊은 기도의 골방으로 부르신 초대장이었다. 깊은 기도의 골방에서 창세기부터 요한계시록까지 성경 말씀에 기록된 구속사적인 하나님의 시간표가 연결되어 풀어지는 뜻밖의 선물을 받았다.

그 깊은 골방에서 나는 다시 청년 신바울의 가슴을 마주했다. 처음 버스에 올라 무어라 했는지도 모르게 복음을 전하고 서둘러 내렸던 한 겨울의 버스 정류장, 그때 후들거리던 다리의 떨림, 벌겋게 달아오르던 얼굴의 열기……. 주님은 모든 것을 기억하셨다. 주님은 내 가슴에 다시 불을 붙이셨다. 마치 불붙은 떨기나무처럼, 그렇게 나는 다시 타올랐다.

선교사와 목사로 살아온 그 농익음 위에 첫사랑의 열정과 뜨거움이 부어졌기에 사역의 열정과 기도의 깊이는 이전과 확연히 달랐다. 말씀을 존중히 여기는 마음과 경외함도 더욱 깊어졌다. 말씀을 경외하는 깊이만큼 깨닫게 하시는 깊이도 깊어졌다. 창세기부터 요한계시록까지 성경 전체의 말씀이 연결되기 시작했다.

성경의 시간과 역사(歷史)가 퍼즐이 맞춰지듯 새롭게 정리되기 시작했다. 기록된 성경 말씀 안에서 현재의 정치, 경제, 문화와 인류 역사의 흐름이 이해되었다. 구약은 성부 하나님의 시대, 신약은 성자 예수 그리스도의 시대, 그리고 지금은 삼위이신 성령님께서 역사를 주도해 가시는 시대로 은혜의 시대, 교회의 시대, 성령의 시대이다. 그리고 우리들은 예수님의 다시 오심이 임박한 시대를 살아가고 있다.

이 깨달음이 나만 새롭게 깨달았다는 의미는 아니다. 이미 나보다 앞서 많은 선배가 깨닫고 각자에게 주신 사명을 위해 달려갔을 것이다. 다만, 이 깨달음은 십자가 복음을 전하는 복음 전도자의 길을 걸어온 나의 사역 방향을 완전히 바꾸는 전환점이 되었다.

'그렇다면 지금 내가 사는 이 시대는 성경적으로 어디쯤 와 있는가?'

이 시대가 성경적으로 어디쯤 와 있는지 알기 위하여, 예루살렘을 중심으로 한 세계사를 성경적 관점에서 새롭게 연구하기 시작했다. 성경을 해석하는 학자마다 약간의 차이는 있겠지만, 나는 다음의 세 가지를 종합하여 분석했다.

1. 여호와의 눈동자인 이스라엘을 중심으로 중동지역에서 일어나는 일들
2. 세계정세의 흐름
3. 교회의 역사

성경의 역사뿐 아니라 전 인류의 세계사 속에서 예수 그리스도의 다시 오심을 위해 쉬지 않고 일하시는 하나님의 열심과 그것을 방해하려는 어둠의 정세가 팽팽하게 대립하고 있음을 알 수 있었다.

그러나 어둠의 정사와 권세가 예수 그리스도의 다시 오심을 취소시키거나 지연시킬 수는 없다. 모든 것 위에 뛰어나신 만왕의 왕이요, 만주의 주이신 예수님께서 통치하시고 그 기록된 말씀대로 정확하게 이끌어 가고 계시기 때문이다. 연구하면 할수록 부인할 수 없는 사실은, 지금은 요한계시록이 성취되고 있는 시대요, 기록된 성경 말씀의 완성인 예수 그리스도의 다시 오심이 아주 가까이 왔다는 것이다.

요한계시록과 예수 그리스도의 다시 오심을 이야기하면 세대주의[1] 자로 매도하며 이단이라는 의구심을 품고 보는 사람들이 많아졌다. 그러나 이것은 참된 그리스도인들이 요한계시록을 깨닫고 예수님의 다시 오심을 준비하는 것을 두려워하는 사탄이, 이단들을 통해 뿌린 가라지의 영향이라고 믿는다.

내가 두려워해야 할 것은 다른 사람들의 시선이 아니요, 오직 여호와 하나님 한 분이시다. 나는 그 분의 일을 위해 부르심을 받은 종이기 때문이다. 목사의 부르심은 맡겨주신 귀한 성도들을 그리스도의 장성한 분량에 이르기까지 성장하도록 돕는 일이다(엡 4:13). 그러므로 사도바울의 고백과 같이 하나님의 열심으로, 성도 한 분 한 분을 정결한 처녀로 한 남편인 그리스도께 드리려고 중매하는 것이 목회이다(고후 11:2).

요한계시록을 대하는 참된 그리스도인의 자세는 두려움 속에 어찌하면 환난을 통과하지 않을 수 있을까를 고민하는 것이 아니라, 예수 그리스도께서 다시 오시기 전 이 땅에 있을 전무후무한 부흥의 때를 어떻게 준비할까를 고민하며 주 앞에 엎드려져 기도하며

---

1) 세대주의(世代主義, Dispensationalism) 19세기 초 태동한 개신교 신학 이론. 세대주의는 이스라엘의 회복을 서술하는 성경의 서술과 교회에 대한 성경의 서술의 차이를 강조한다. 교회를 회복된 이스라엘로 보지 않는다. 대표적 세대주의 신학자는 찰스 라이리(Charles Ryrie)가 있으며 그의 저서로는 <오늘날의 세대주의>(Dispensationalism Today)가 있다. 신앙의 대선배로 존경받는 조지 뮬러, 윌리엄 캐리, C.H.매킨토시 같은 인물들도 세대주의의 모임인 플리머스 형제단의 구성원이었다. 주류 교단인 성결교회와 오순절교회의 종말론에도 어느 정도 세대주의가 들어가 있다. **문제는 극단적 종말론이다. 세대주의 영향으로 휴거 혹은 재림이 일어날 구체적 일시를 명시하는 교회는 이단**이므로 경계해야 한다.

구하는 것이다.

요한계시록 1장 3절에는 분명히 때가 가깝다고 기록되어 있다. 요한계시록의 일차 수신자였던 아시아의 일곱교회 성도들은 이 편지를 받아보고 마음이 어떠했을까? 예수님께서 곧 다시 오신다는 소식은, 황제 숭배를 강요하는 로마제국에 맞서 순교의 길을 가고 있던 그들에게, 소망과 위로와 힘이 되었을 것이다. 마찬가지로 지금 이 시대에도 온전히 말씀을 따라 살아가는 성도들에게는 요한계시록이 소망과 위로와 힘이 되는 소식이어야 한다.

곧 다시 오신다던 예수 그리스도께서 2천 년이 지난 지금도 아직 안 오셨다. 그런데 초대교회 당시 성도들은 예수님께서 곧 다시 오신다는 요한 사도의 말을 굳게 믿고 신앙을 지켰다. 그랬기에 그 믿음의 유산이 우리에게까지 전해질 수 있었다. 그런데 오늘날은 2천 년만큼이나 더욱 가까워졌다. 지금 이 시대를 살아가고 있는 성도들이 초대교회 성도들보다 더욱 깨어 그날을 준비해야 하는 이유가 여기에 있다.

물론 우리 세대에 그날이 오지 않을 수 있다. 그렇기에 자녀 세대를 여호수아의 군대와 같이 길러내는 일을 소홀히 해서는 안 된다. 믿음의 세대가 끊어지지 않도록, 자녀 세대를 길러내는 일 또한 우리의 사명이며 책임이라고 믿는다.

'그렇다면 나는 미국에서 계속 살아야 할 필요가 있을까?'

내가 필리핀 선교사역을 마치고 미국으로 향한 이유는 약속의 말씀 때문이었다. 나는 청년 때부터 지금까지 끊임없이 부흥을 갈망해 왔다. 사실 그리스도인이라면 당연히 누구나 그럴 것이라고 생각했다. 그러나 오래 지나지 않아 모든 그리스도인이 그 열망을 위해 사는 것은 아니라는 것을 깨달았다. 그리고 이 애끓음이 나의 것이 아니라 주님의 마음임을 알았을 때 모른 척 가만히 앉아 울고 있을 수는 없었다.

나는 길거리로 나갔다. 그리고 복음을 외쳤다. 동인천역에서 쏟아져 나오는 사람들을 향하여 예수님이 구원자 되심을 외쳤다. 출퇴근 버스에 앉아있는 사람들에게 가던 길을 멈추고 예수로 갈아타라고 외쳤다. 나는 노방 전도자가 되었다. 주님은 거리에서 버스에서 그렇게 복음을 전하던 청년을 주의 종으로 불러주셨고 필리핀 선교사로 보내주셨다.

필리핀에서 본 복음의 생명력은 나를 부흥의 열망으로 더 강하게 붙들었다. 전문적인 선교사역에 집중하기 위하여 Fuller Seminary에서 박사과정을 공부했다. 박사학위 논문을 쓰기 위해 몇 달간 미국에 머물던 때, 뉴욕을 방문하여 맨해튼의 엠파이어 스테이트빌딩을 찾았다. 전망대 위에서 본 맨해튼 시내 건물들의 스카이라인은 입이 딱 벌어질 정도로 웅장하고 화려했다. 그곳 전망대에 올라 동서남북 사방을 둘러보던 나의 가슴에 갑자기 천둥소리 같은 울림이 들려왔다. 한 번도 생각해 보지 않았던 그리고 감히 내가 꿈꾸지도 않았던 부르심이었다.

"동서남북 사방을 둘러보아라!
이 땅의 백성들은 받은 것이 너무 많고
최첨단으로 발달한 문명의 이기로 인하여
더 이상 나를 찾지 않는다.
너는 이곳에서 나에게 예배하라.
그리고 잠자고 있는 영적 거인을 깨워라."

나는 필리핀 선교지로 다시 돌아왔다. 뉴욕에서 받았던 그 감동은 날이 갈수록 새로워졌다. 나는 이 감동을 말씀으로 확증 받아야만 했다. 주님께서 말씀을 주시지 않는데, 내 마음대로 사역의 방향을 바꾸어 필리핀 선교를 그만두고 미국으로 갈 수는 없었다. 또한 하나님께서 "가라!" 명하셨다면 더이상 선교지에서 머뭇거리고 있을 수도 없었다.

내게 주신 감동을 말씀으로 확증 받기 위해 긴 시간 기도하며 성경 말씀을 읽어 내려갔다. 그때 확실하게 응답으로 주신 말씀이 사도행전 8장 26절부터 40절까지로, 사마리아에서의 전도자 빌립의 사역이었다.

내가 사역하던 필리핀은 국민의 85%가 가톨릭 신자로, 가톨릭이 국교인 나라이다. 그러나 십자가를 주술적 용도로 사용할 만큼 무속신앙과 가톨릭이 혼합되어 영적으로 혼란한 땅이었다. 하나님께서는 내가 사역하던 할라할라 지역에서, 순회전도 집회 사역을 통한 교회 개척 사역에 놀랍게 역사해 주셨다.

사도행전 8장에서 빌립 집사가 행한 사마리아 성이 복음화 되어 가는 과정이 그대로 재현되는 듯했다(행8:4~8). 전도 집회 현장에서는 태어날 때부터 걷지 못하던 아이가 일어나 걸었고, 열병이 떠나고, 한쪽이 마비된 중풍 환자가 치유를 받아 걸어서 집으로 돌아가고, 사람들을 묶고 있던 악한 영들이 쫓겨 나가는 등 전인적인 치유와 회복이 일어났다.

무엇보다도 정확한 예수 그리스도의 십자가 복음이 선포되면서 수많은 사람이 눈물로 예수님을 자신의 구세주로 받아들였다. 집회 때마다 구원의 감격으로 기도와 찬양이 가득했고 이들을 모아 바닷가로 가서 연합 침례식을 거행했다.

매주 월요일 아침, 일과를 시작하기 전에 시청광장에서 거행되는 국기 게양식에 목회자들과 참석했다. 그리고 30분씩 각 부서로 흩어져 성경 공부를 했다. 시장의 생일에는 각계 대표들, 지역 유지들 2~300명이 모여 성대하게 축하 행사를 해주었는데, 그 순서 안에는 천주교 신부의 축복기도가 있었다. 필리핀에서 천주교 신부의 권위는 그야말로 절대적이다. 시에서 진행하는 행사조차도 천주교 신부와 상의한 후에 결정할 정도였다.

그런데 언제부터인가 이 순서를 개신교 목사인 내게 부탁해왔다. 지역사회 안에서 나의 선교사역이 선한 영향력을 주고 있음을 인정받았기 때문이다. 나는 회중이 모두 주목하고 있는 가운데, 생일을 맞이한 시장의 머리에 손을 얹어 축복기도를 해주었다. 나는 이 사건을 통해 이 도시의 영적 주도권이 완전히 개신교로 넘어왔음을 믿는다.

이렇게 한 도시가 구원의 기쁨과 복음으로 변화되었다. 이 일들은 그리 길지 않은 6년 만에 이루어졌다. 원래는 교회당 건축보다는 목회자들을 세우고 평신도 일꾼을 훈련하는 것을 선교사역의 우선으로 정한 터였으나, 교회 개척을 위한 전도 집회를 하다 보니 교회가 전혀 없는 지역에는 교회를 개척 봉헌하게 되었다. 그리고 세워진 교회마다 현지인 목회자들을 세우고 성도들을 훈련하여 그들 스스로 교회를 이끌어 가도록 도왔다.

선교사로서 필리핀에서의 사역은 모든 것이 감사했다. 현지의 언어가 익숙했고, 이들의 문화와 식생활도 전혀 불편하지 않았다. 하루하루가 감동이었고 감사했다. 그러나 주님께서 주신 응답은 필리핀 선교지를 떠나 목회를 하라는 것이었다. 그동안의 경험을 통해 성도들을 훈련하여 선교를 동력화하고 선교 지향적인 교회를 세우라는 것이었다.

둘이 물에서 올라올새
주의 영이 빌립을 이끌어간지라
내시는 기쁘게 길을 가므로 그를 다시 보지 못하니라
빌립은 아소도에 나타나 여러 성을 지나다니며
복음을 전하고 가이사랴에 이르니라
(사도행전 8장 39~40)

나는 주신 말씀에 순종하기로 했다. 아니 당연히 순종해야 하는 것이다. 그러나 필리핀의 사랑하는 성도들과 헤어지는 것은 참으로 가슴 아픈 일이었다. 가난과 더위, 열악한 환경이었지만 그들의 심령 안에 떨어진 복음의 씨앗은 그들의 영혼을 활짝 핀 장미꽃보다 더 붉고 아름답게 바꾸었다. 예수 그리스도 십자가의 생명력이 그들의 삶을 완전히 바꾸어 놓은 것이다.

비록 짧은 6년이지만 나는 전심을 다하여 이들을 섬겼고 깊이 사랑했다. 그리고 그들도 국경을 초월한 사랑으로 나를 대해주었다. 그런 우리가 갑자기 헤어지게 된 것이다. 아버지를 떠나보내는 것처럼 흐느껴 우는 성도들과 현지인 동역자들을 끌어안으며 꼭 다시 돌아오겠노라고 약속했다. 그리고 떨어지지 않는 무거운 발걸음으로 미국행 비행기에 올랐다.

미국은 아무 연고도 없는 그야말로 미지의 땅이었다. 그러나 우리 네 식구는 말씀에 순종하여 달랑 여행 가방 한 개씩만 들고 태평양을 건너 미국에 도착했다. 하나님께서는 미국에서도 한인 교포를 대상으로 교회를 개척하고 목회를 할 수 있도록 길을 열어주셨다. 미국에서의 삶도 모든 것이 감사했다. 그러나 한편으로는 늘 선교에 빚진 마음으로 가득했던 우리 부부는 미국에서 목회를 하다가 조기에 은퇴하고 이슬람권의 선교사로 가서 그 땅에서 우리의 인생을 마감하겠다는 계획을 세웠다.

그런데 이 시대를 향한 성경 예언의 말씀이 풀어져 연결되기 시작했다. 그리고 시간이 지날수록 요한계시록의 말씀이 생생하게 살아 움직이는 것처럼 점점 더 실제적으로 느껴졌다.

'이제는 정말 마지막 때 중의 마지막 때이구나! 그렇다면 나는 복음을 맡은 자로서 무엇을 해야 할까?'

성경 말씀이 풀어지니 삶의 고민도 덩달아 깊어졌다. 이미 두 딸은 미국에서 학업 중이었고 섬기던 교회와 성도들이 있어 모든 것이 안정적이었다. 그냥 원래의 계획대로 조기에 은퇴하고 이슬람권의 복음화를 위해 남은 삶을 드리는 것도 예수 그리스도의 다시 오심을 준비하는 소중한 사역이라고 생각했다. 그러나 이 마지막 때에 하나님께서 나에게 주신 사명의 길이 무엇인지 다시 한번 말씀으로 확증을 받기로 결심했다. 나는 깊은 기도의 골방으로 들어갔다.

성경 말씀을 읽고 세계의 흐름과 정세를 보며 깊은 기도에 들어갈수록 한국으로 다시 돌아가야 한다는 강한 마음이 들었다. 2천 년 전 복음은 초대교회와 사도바울을 통해 유럽으로 전해졌다. 그 복음이 청교도들을 통하여 아메리카 대륙으로, 그리고 생명을 건 선교사들을 통하여 아시아로, 아프리카 대륙으로 전해졌다. 20세기 초 전 세계에서 가장 가난한 나라 중 하나이자 일본의 식민지였던 조선 땅에 떨어진 복음의 씨앗은 전 세계 선교 역사상 전무후무한 폭발적인 부흥을 이루었다.

그 부흥의 열매로 선교 대국이 된 대한민국의 선교사들은 지금까지 세계 곳곳에 파송되어 맡은 사명을 잘 감당하고 있다. 현재 복음은 공산권과 이슬람권이 포진해 있는 중앙아시아에서 더딘 것 같으나 빠르고 강하게 전해지고 있다. 복음이 전해지는 순서를 기준으로 시대를 구분하자면 지금은 동북아시아 시대라고 말할 수 있을 것이다.

그러나 안타깝게도 복음의 전선 후방에서 군사들과 보급물자를 지원해줘야 하는 동북아의 핵심 기지인 대한민국 교회의 분위기가 예전 같지 않다. 대한민국 교회의 부흥을 설명할 때는 지금이 아닌 평양 대부흥부터 7~80년대까지의 한국교회를 설명해야 한다는 사실이 마음 아프다.

나는 대한민국이 다시 한번 부흥하기를 바란다. 평양 대부흥을 넘어서는 부흥이 꼭 올 것이라고 믿는다. 왜냐하면 대한민국 교회는 동북아 시대를 이끄는 핵심 기지의 사명이 있다고 믿기 때문이다. 그러기에 대한민국의 부흥은 예수 그리스도의 다시 오심을 준비하는 중요한 선교전략이다.

나는 초림 예수 그리스도의 십자가 복음을 들고 청년 때부터 지금까지 이 길을 달려왔다. 이제 주님 다시 오실 날이 임박했다면 주님 오시는 길목에서 기다리는 것이 맞지 않겠는가?

밤중에 소리가 나되 보라 신랑이로다. 맞으러 나오라 하매

(마태복음 25:6)

이렇게 2년여 기간 동안 기도를 했다. 기도하면 할수록 내면적 확증은 더욱 명확해졌다.

'이제는 더 이상 미루지 말고 가야겠구나!'

그러나 다시 고국으로 돌아간다 해도 한국에서 오라는 곳도 없고 가서 거주할 곳조차 없던 나는, 대한민국의 부흥을 위하여 주신 비전들을 어디서부터 어떻게 시작해야 할지 계획을 세울 수 없었다.

| 세번째 이야기

깊은 기도의 골방으로

†

한국으로 돌아가야 한다는 마음의 감동을 말씀으로 확증 받아야만 했다.

한국에서 필리핀 선교사로 떠날 때도, 그리고 필리핀 선교지에서 미국으로 사역지를 옮길 때도 나는 마음의 감동을 먼저 받고 말씀으로 확증을 받은 후 받은 말씀에 순종하여 움직였다. 더군다나 나의 삶은 내가 계획한 삶이 아닌 하나님께 내어드린 삶이다. 그러기에 이제 내 인생 마지막일지 모르는 사역의 방향이 무엇인지 여쭙고 결정하는 이 일을 그저 기도와 마음의 감동, 상황만으로 결정할 수는 없었다.

나는 21일 금식기도를 시작했다. 그동안 미국에서 많은 금식기도를 했다. 40일, 21일, 14일……. 이토록 자주 금식하면서 내심 이제는 그만하고 싶은 마음이 컸다. 하지만 이번 금식은 그간의 어떤 금식보다 절박하고 간절했다. 그래서일까? 3일째부터 힘들기 시작하더니 5일째 되던 날은 말을 하거나 움직일 힘조차 없었다.

그날은 금요기도회가 있는 날이었다. 나는 이전에 40일 금식기도를 하면서도 금요기도회, 토요 성경 공부, 주일 예배의 설교를 멈춘 적이 없었다. 그러나 그날은 어찌 된 일인지 설교는커녕 말 한마디 내뱉기도 힘들었다. 도저히 일어서서 강대상 앞으로 걸어 나갈 수조차 없을 것 같았다.

'아! 오늘은 성도들에게 양해를 구하고 설교 없이 기도만 해야겠구나'

찬양 팀의 찬양이 시작되었고 말 한 마디도 내뱉을 수 없던 나는 마음으로 찬양을 올려드리고 있었다. 문득 서서히 머리가 맑아지며 내 안에 무언가가 차오르는 것을 느꼈다. 새 힘! 주님이 부으시는 소생케 하시는 힘이었다.

나는 강단으로 나가 말씀을 전했다. 이어서 성도들과 합심하여 통성으로 기도하기 시작했다. 강력한 성령이 회중을 압도했고 누구 하나 할 것 없이 그분의 임재 앞에 고꾸라졌다. 회개의 영이 부어졌다. 말할 힘조차 없던 나에게서 마치 해산하는 여인의 고통과 같이 창자가 끊어지는 듯한 절규의 기도가 터져 나왔다. 나의 육신은 죽은 껍데기 같았으나 살아 역사하시는 성령의 강한 힘이 그 죽은 껍데기를 춤추게 하셨다.

"아버지! 21일 동안 완주하겠습니다. 앞으로 16일 동안 제 남은 목회의 승부를 거는 마음으로 목숨을 걸겠습니다. 끝까지 감당하게 해주세요."

그 어떤 금식기도보다 힘든 시간이었다. 고통 가운데 많은 눈물을 쏟아내며 오직 하나님만 의지했다. 하루에도 몇 번씩 포기하고 싶은 순간이 찾아올 때마다 신음하듯 기도를 올려드렸다.

"아버지! 제게 말씀을 주옵소서!"

감사하게도 하나님께서는 21일 금식기도를 마칠 때쯤 두 가지의 말씀으로 응답해 주셨다.

네 하나님 여호와께서
네 조상 아브라함과 이삭과 야곱을 향하여
네게 주리라 맹세하신 땅으로 너를 들어가게 하시고
네가 건축하지 아니한 크고 아름다운 성읍을 얻게 하시며
(신명기 6:10)

그가 또 내게 이르시되
인자야 이스라엘 족속에게 가서 내 말로 그들에게 고하라
너를 언어가 다르거나

말이 어려운 백성에게 보내는 것이 아니요

이스라엘 족속에게 보내는 것이라

(에스겔 3:4~5)

두 번째로 주신 에스겔 1~3장에서는 제사장 에스겔을 부르시는 장면을 통해 너무나 분명하게 한국으로 돌아갈 것을 말씀하셨다. 아니, 성경 말씀은 살아서 나에게 이렇게 명령하셨다.

"나는 너를 언어가 같은 동족에게로 보낸다. 그들에게 오직 내 말만 전하라 그들은 패역한 족속이라. 네가 그들과 함께 있는 것은 고통 중에 있게 될 것이다. 그들이 듣든지 아니 듣든지 여호와의 말씀이 이러하시다 하라. 그리고 너는 말씀으로 너의 창자까지 채워라."

이렇게 말씀을 주시고는 또 다른 내면의 감동을 주셨다.

"네가 한국으로 돌아가거든 너를 위하여 기도할 수 있는 장소를 준비했으니 산에 올라가서 기도하라. 무엇보다 나의 얼굴을 구하라. 이제까지는 네가 베드로처럼 스스로 띠 띠고 원하는 곳으로 다녔지만, 이제는 나와의 친밀감 속에 있기를 원한다. 나와만 독대하라."

나는 하나님께 대답했다.

"하나님 주신 말씀에 순종하여 한국으로 돌아가 다음 사역을 준비하겠습니다."

나는 곧바로 가족들과 성도들에게 한국으로 돌아갈 계획임을 알렸다. 한국 어디로 갈 것인지, 어떻게 가족들의 기본적인 생계를 꾸려 나갈 것인지, 가서 무엇을 할 것인지는 설명하지 않았다. 왜냐하면 나도 정확하게 알지 못했기 때문이다. 그러나 말씀이 떨어졌다. 그렇기에 더이상 계산하지 않았다. 미국에서의 모든 생활과 사역을 정리했다. 그리고 나의 사랑하는 성도들, 자녀들, 모든 상황, 모든 고민은 나의 삶의 주인 되신 하나님께 맡겼다.

나는 한국으로 돌아가 3년 정도 하나님만 독대하며 산에서 기도한다는 각오를 했다. 그래서 산 기도에 필요한 두툼한 옷가지와 기본적인 물품들만 챙겨 한국으로 향했다.

| 네번째 이야기

다시 나의 사랑 고국으로

†

2013년 10월 10일, 나는 그렇게 말씀을 따라 다시 사랑하는 고국으로 돌아왔다.

16년 동안 떠나있던 고향 땅으로의 귀국은 감회가 새로웠다. 물론 그동안 한국을 방문한 적이 없었던 것은 아니다. 그러나 다시 삶의 터전으로 삼고 돌아오는 것은 감정부터가 달랐다. 조국임에도 어쩐지 낯선 느낌에 이방인이 된 것 같아 긴장이 됐다.

당연한 일이겠지만 내 걱정과 달리 인천공항 입국 심사관은 내 여권을 보고서 아무것도 묻지 않고 입국 허가 도장을 쾅쾅 찍어주었다. 마치 어머니의 품처럼, 우리 가족을 받아주는 대한민국이 너무나 포근했다.

긴장이 풀리자 하나님께서 따스한 손길로 어깨를 쓰다듬어 주시는 것 같아 순간 눈물이 났다.

"Dear my lovely son, welcome back home!
you did very good job~~~!!!"

나를 아무 조건 없이 받아준 나의 조국 대한민국처럼 이 땅에서 선한 싸움을 이어가다 나에게 주어진 길을 완주한 후에 내가 돌아갈 나의 아버지께서 계신 천국, 예수 그리스도의 공로로 아무 조건 없이 나를 받아줄 천국이 더욱 뜨겁게 떠올랐다.

이렇게 다시 돌아온 한국은 새로운 선교지처럼 적응의 시간이 필요했다. 몇 군데 돌아보는 동안 눈부신 발전을 이룬 우리나라가 너무나 자랑스러웠다. 나의 사랑하는 조국 대한민국의 위상을 높여주신 것은 마지막 시대, 마지막 주자의 사명을 다하라는 하나님의 뜻이 분명하다고 믿었다.

귀국 후, 거주할 곳이 없던 우리 가족에게 막내 처남은 기꺼이 자신의 집을 함께 쓸 수 있도록 내어주었다. 막내 처남의 가족 셋과 우리 가족 셋, 도합 여섯 식구의 불편한 동거가 시작되었다.

| 다섯번째 이야기

나와만 독대(獨對)하라!

✝

고독함의 시간은 마치 내가 투계장(鬪鷄場)의 싸움닭처럼 길러지는 시간이었다.

한국에 도착한 후 기도할 장소를 찾기 시작했다. 그런데 막상 기도장소를 찾아 나서려니 처음에는 어디로 가야 할지 막막하기만 했다. 그러던 어느날, 기도장소를 찾아 오른 봉재산 정상에서 경건하게 놓여있는 커다랗고 평평한 바위와 마주쳤다. 그 순간 나는 깜짝 놀람과 동시에 전율을 느꼈다. 그리고 나도 모르게 탄성이 터져 나왔다. 미국에서 21일 금식기도 중에 환상처럼 보여주셨던 바위가 내 앞에 떡하니 놓여있었기 때문이다. 하나님께서 이미 예비해 놓으신 기도장소로 나를 인도해주신 것이다.

그 바위에서 조금 떨어진 한적한 곳에도 커다란 바위가 하나 더 있었는데 이 바위에 올라 앉으면 송도 국제도시와 그 너머의 인천 앞바다 그리고 인천국제공항까지의 풍경이 파노라마처럼 펼쳐 보였다. 나는 이 바위를 기도장소로 정했다.

자료를 찾아보니 봉재산의 원래 이름은 봉제산(奉祭山)이었다. 인천 앞바다가 훤히 내려다보이는 이 바위는 풍어를 기원하는 제사를 지내던 장소였다. 나는 긴 세월동안 우상에게 제사를 지내왔을 그 바위를 원래의 주인이신 하나님께 돌려 드리는 선포를 했다. 내가 그 바위를 발견하고 기도를 시작한 날은 한국에 도착한 2013년, 그해 첫얼음이 언 11월 27일이었다. 그렇게 하나님의 얼굴만을 구하며 하나님과 독대하는 산 기도가 시작되었다.

시간이 지날수록 하나님께서 '사람들 만나러 다니지 말고 나와만 독대하라' 하셨던 이유를 알게 되었다.

첫 번째, 하나님께만 집중하고 하나님만 의지하라는 뜻이었다. 하나님께만 집중하고 의지하는 시간은 마치 주님께서 모세를 훈련하셨던 광야와 같은 시간이었다. 광야에서는 주님의 소리가 더 잘 들린다. 주님이 아니면 살 수 없는 환경이기에 언제나 주님께 집중하며 주님을 의지하기 때문이다. 광야에서는 기적이 더 잘 일어난다. 광야의 삶은 기적이 아니면 살 수 없기 때문이다. 주님은 내게 기적을 따라 걷는 방법을 훈련하셨다. 나의 모든 힘을 빼고 주님께만 집중하게 하셨던 이유이다.

두 번째, 빈손으로 돌아온 나를 만나는 상대방은 내가 무척이나 불편했을 것이다. 그리고 그 불편함은 나에게도 전해져 내 마음이 힘들었을 것이다. 이것을 너무도 잘 아시는 하나님께서 미리 차단하신 것이라는 생각이 들었다. 나는 하나님의 말씀을 받고 순종하므로 돌아온 것이지만 아무것도 가진 것 없이 한국에 돌아온 내가 어떤 이에게는 큰 부담이었을 것이다. 보고 싶은 사람, 만나고 싶은 사람은 많았지만 내가 부담스러운 존재로 비칠까 봐 쉽게 다가갈 수 없었다.

홀로 기도하는 시간이 길어질수록 주님이 주시는 비전은 더욱 선명하고 명확해졌다. 하나님 앞에 놓인 바위에 앉아 말씀을 읽어 내려갈수록 더 깊고 섬세한 깨달음을 주셨다. 받은 비전과 깨달은 말씀을 소리쳐 외치고 싶어 가슴이 터질 것만 같았다. 그러나 내가 설교할 수 있는 곳은 없었다.

나는 매일 산 기도가 끝나고 집에 가기 전, 갈대밭 한 가운데에 섰다. 바람에 흔들거리는 무수한 갈대들이 내게 맡겨주실 성도라고 생각하고 받은 비전의 말씀을 선포했다. 갈대 사이를 지나는 바람소리와 갈대들이 서로 부딪혀 나는 소리가 '아멘'처럼 들렸다. 때로는 필리핀과 미국에 두고 온 성도들과 눈물로 헤어져야 했던 그 아픔과 미안한 마음에 그리고 아내와 딸에게도 가장의 역할을 하지 못하는 것에 대한 미안한 마음에, 바위에 앉아 하나님 앞에 펑펑 울기도 했다.

어쩔 수 없이 우리 가정의 가장이 된 큰딸 예선이는 몇 군데 대기업 영어 강사로 일했다. 출퇴근을 위해 사들인 경차(빨간색 레이)를 예선이가 출근하기 전까지만 사용할 수 있었다. 산에 가지 않는 새벽에는 레이를 타고 천 원짜리 맥도날드 아메리카노 한 잔을 들고 송도의 끝자락 방파제로 나갔다.

딸에게 용돈을 받아 쓰던 나는 추운 겨울 바닷가의 칼바람 속에서도 자동차 기름을 아끼기 위해 시동을 끈 채로 온몸을 덜덜 떨어가며 기도했다. 파도 소리, 뱃고동 소리를 들으며 복음이 들어온 인천 앞바다를 통해 다시 전 세계로 복음을 들고 나가는 십자가 용사들을 상상했다. 그리고 끊임없이 올려드렸던, 짧지만 강력했던 기도!

"주여, 내가 살아있는 동안 부흥을 꼭 한 번만 보게 하옵소서!"

마치 총 맞은 짐승처럼 절규에 가깝게 부르짖는 기도로 고독한 시간을 보냈다. 그러나 눈을 감고 기도를 시작하면 언제나 친근히 와 계시는 주님, 주님의 얼굴을 대하는 그 시간은 평생 잊을 수 없을 것이다. 너무도 외롭고 고독한 시간이었지만 이 외로움과 고독함이 하나님께서 나를 용사로 훈련하시는 방법이었다. 그 처절한 고독함 속에서 하나님은 나를 깊이 만나주셨고 매일 새로운 말씀을 깨닫게 해주셨다. 그와 더불어 주시는 비전으로 나의 심장은 터질 것만 같았다.

필리핀은 타갈로그어로 '사봉(Sabong)'이라 불리는 투계 경기가 유명하다. 이 경기에 사용될 닭은 전투력 증강을 위해 드넓은 벌판에서 비와 바람, 뜨거운 태양과 밤의 추위를 오롯이 견뎌내며 싸움닭으로 길러진다. 나 또한 기도를 통해 한 명의 용사로 길러지고 있었다.

이때 겪은 고독과 가난은 앞으로 있을 환란의 시대를 이끌어 가야 할 리더로서 준비하는 종합적인 훈련이었다고 생각한다. 일 년 동안 산에서 기도하며 세 가지 목회 철학이 정리되었다. 나는 이것을 [3-S 목회]라고 불렀다. 나는 지금도 성경에서 말씀하고 있는 '마지막 때'를 말씀으로 돌파할, 하나님의 사람들을 친히 준비시키고 계신다고 믿는다.

홀로 서는 고독 속에서 오직 예수님 한 분만으로 만족할 수 있는 사람, 혹독한 가난을 경험하고 청렴한 삶이 훈련된 사람, 고난과 고통의 삶을 기쁨과 감사로 바꾸어 살아낼 수 있게 훈련된 사람만이 점점 심화되는 환란의 때에도 하나님의 말씀대로 살아내며 예수 그리스도께서 다시 오실 때까지 맡겨주신 양들을 이끌어 갈 수 있다고 믿는다.

마치 모세가 광야에서 목동으로 보낸 40년의 세월 동안, 애굽의 왕자로서 누렸던 부귀와 영화를 다 잊고 광야의 삶이 몸에 익숙해진 후에야, 비로소 모세를 이스라엘의 지도자로 부르신 것처럼, 3-S에 훈련된 주의 종들을 마지막 때의 지도자로 부르실 것이다. 그리고 당신의 양들을 맡겨 거룩한 성 새 예루살렘까지 인도하게 하실 것이다. 산기도 일 년 동안 집중적으로 다스림을 받은 세 가지 훈련(3-S)은 다음과 같다.

Self Isolation(자초된 고립)

Self Poverty(자초된 가난)

Self Suffering(자초된 고난)

나는 주님이, 하나님의 사람들을 갈라진 바위틈에 숨기시고, 모세와 같은 일꾼으로 길러내고 계신다고 믿는다. 그리고 때가 되면 덮었던 손을 열어 그들을 나오게 하실 것이며, 그들을 연합하게 하실 것이다. 왜냐하면 성경 말씀은 전무후무한 전 세계적인 영적 대추수를 예고하고 있기 때문이다(계14:14~20).

나는 지금이 뽕나무 꼭대기에서 걸음 걷는 소리가 더 가까이 들려오는 시대라고 믿는다(삼하 5:24). 하나님은 지금, 이 글을 읽고 있는 당신도 이 일에 함께할 군사로 부르신다. 당신이 처한 상황이 어떠하든지, 무엇을 하고 있든지 이 책을 읽고 있는 당신을 여호와의 군대로 부르신다. 그 부름에 순종하라. 그러면 당신은 기적의 중심에서 하나님의 영광을 보게 될 것이다.

| 여섯번째 이야기

인생의 골든타임을 주께 드려라!

†

인생의 골든타임을 주께 드릴 때, 마치 다윗과 같이 그리고 다니엘과 같이 성경에 기록된 수많은 청년과 같이 한 시대를 움직이는 하나님의 사람들로 세우실 것이다.

안정된 미국의 생활을 정리하고, 아무 계획 없이 말씀만을 듣고 고국으로 돌아온 우리 부부를 따라서 낯선 한국으로 와준 첫째 딸 예선이는, 16년 전인 열한 살 때 필리핀 선교사로 떠나는 엄마 아빠를 따라 MK(Missionary Kids)가 되었다. 그리고 성인이 되어 다시 돌아온 한국을, 처음 필리핀에 갔을 때처럼 무척이나 낯설고 불편해 했다. 그러나 자신의 속마음을 감추고 내가 산에 올라 하나님과 독대하며 시간을 보내는 동안 우리 가정의 생계를 책임지는 가장이 되어 주었다.

필리핀으로 선교를 떠나기 전날 우리 부부는 예선이가 다니던 학교를 방문했었다. 선생님과 친구들에게 작별의 인사를 나누기 위해서였다. 선물과 편지를 주고받으며 인사의 말을 전할 때 교실은 그야말로 눈물바다였다. 담임선생님과 친구들을 무척이나 좋아했던 예선이는 그날의 헤어짐이 매우 힘들었을 것이다.

다행히도 예선이는 필리핀 도착 후 우리 부부의 예상과 달리 너무나 잘 적응해주었다. 엄마 아빠에게 한 번도 힘들다는 표현을 하지 않았다. 그래서 하나님의 은혜로 잘 적응하고 있는 줄로만 알았다. 필리핀을 삶의 터전으로 삼아 자리를 잡아가고 있던 어느 날, 아내가 아이들 방을 청소하다가 우연히 예선이의 일기를 읽게 되었다. 그 일기는 여섯 살 어린 동생인 예희에게 쓰는 글이었다.

'예희야 우리 힘들어도 조금만 참자. 아빠와 엄마가 선교하시는 것도 힘드실 텐데 우리가 힘들다고 하면 마음 아프시잖아.'

예선이는 사역으로 바쁜 우리 부부를 대신하여 어린 동생을 살피는 보모와 같았다. 전도 집회가 있는 날이면 현지 교인들과 짝을 이뤄 집집마다 돌며 복음을 전하고 저녁 집회에 초청했다. 그때마다 예선이는 동생의 손을 꼭 잡고, 우리와 함께 복음을 전하는 전도 대원이었다.

전도 집회가 열리는 장소는 대부분 비슷한 환경이었다. 시멘트 바닥이 깔린 동네 농구장, 머리 위에 전구 하나 또는 작은 조명이 전부인 공간이 처음 보는 외국인을 구경하러 온 사람들부터 호기심에 몰려드는 어린아이들과 어른들 그리고 낮에 전도된 사람들로 가득 채워졌다. 내가 앞에 서서 찬양을 인도하면 예선이는 키보드 반주로 집회를 돕는 찬양사역자의 역할을 했다.

예선이는 이름도 모르는 날벌레들과 파리와 모기가 달라붙어도, 구슬땀이 머리부터 흘러 눈을 가려도 아랑곳하지 않고 찬양을 연주하는 참된 예배자였다. 어린 나이에도 부모님을 따라 선교사역을 감당했던 예선이는 훗날 이렇게 고백했다.

"찬양과 기도 중에 성령님께서 사람들의 마음을 만지시는 것을 분명히 보았습니다. 귀신이 떠나가고 상처받은 사람들의 마음에 치유가 임하자 의심 가득했던 눈에서 수정보다 맑은 눈물이 흘러내리는 것을 보았습니다.

이분들은 태풍이 오면 쓰러질 것 같은 집, 가난하고 열악한 환경에서 사는 분들이었습니다. 그러나 예배를 통해 주님의 임재를 경험하신 분들의 얼굴은 감격의 눈물과 평안, 기쁨으로 반짝였습니다. 저는 집회 장소에서 성령의 능력을 목격하면서 아, 이것이구나! 하고 깨닫게 되었습니다.

사람은 누구든지 살아계신 하나님을 만나기만 하면 되는구나! 성령님께서 그 마음을 만져주시고 치유해주시기만 하면 되는구나! 그 순간 하나님께서 나에게 [heavenly pianist]라는 소원을 갖게 하셨습니다.

나에게 주신 재능, 이 두 손으로 찬양을 반주하는 것을 통해 사람들을 예수님께로 인도하는 주님의 도구가 되게 해주세요. 정말 주님이 쓰시고 싶으신 대로 마음껏 쓰실 수 있는 그런 도구가 되게 해주세요. 제 반주와 찬양을 통해 성령님께서 움직이고 싶으신 대로, 사람들의 마음을 만지고 싶으신 대로 주님 뜻대로 일하실 수 있게, 저는 그렇게 쓰임 받게 해주세요."

하나님께서는 이런 고백을 올려드린 예선이에게 한 번도 들어보지 않은 필리핀 찬양도 즉흥적으로 연주할 수 있는 음감(音感)을 부어 주셨다. 그리고 미국으로 거처를 옮긴 후 대학교 진학을 해야 했던 예선이에게 필리핀에서 6년간 레슨 한번 받지 못했지만, 무디 신학교에서 [Moody Bible Institute, Chicago, Illinois] 피아노를 전공할 수 있도록 길을 열어주셨다.

미국에서 교회를 개척하고 얼마 지나지 않아 반주자가 다른 지역으로 이사를 하게 되었다. 우리 교회는 하나님께 새로운 반주자를 보내 달라고 간절히 기도했지만, 반주자가 떠난 이후에도 새로운 반주자에 대한 응답은 없었다. 그런데 마침 시카고에서 대학 생활을 하고 있던 예선이가 방학을 맞아 집으로 돌아왔다. 나는 예선이에게 이런 제안을 했다.

"예선아! 네 인생의 골든타임인 20대의 시간을 주께 드리는 것은 어떻겠니?"

어찌 보면 딸아이의 입장에서 아빠는 교회만 생각한다고, 아빠는 늘 아빠 입장만 생각한다고 말할 수도 있을 것 같아 조심스러웠다. 그러나 며칠 후 돌아온 예선이의 간증은 놀라웠다.

교회에 갑자기 반주자가 필요하다는 것을 알고 지난 금요기도회 때 기도했어요. 저는 주님께 이렇게 여쭈어보았죠! "헌신할 일꾼을 찾기가 이렇게 어려운가요?"

그 순간 제 마음속에 갑자기 "Whom shall I send?"라는 말이 떠오르며 주님의 마음이 느껴지는 것 같았어요. 그리고 이렇게 말씀하시는 것 같았어요. "나의 교회를 위해 네가 기꺼이 헌신해 줄 수 있겠니?"

그때 저는 "주님, 제가 하겠습니다. 부족하지만 주님이 사용하신다면 저는 주님의 도구이니 마음껏 사용해주세요"라는 눈물의 고백을 올려드렸어요.

하나님께서는 반주자를 보내달라는 우리 교회의 기도에 이미 응답하시고 예선이의 마음을 준비시키셨다. 우리는 예선이가 1년 정도만 휴학하면 될 줄 알았지만 2년 동안 휴학을 하여 교회의 반주자로 쓰임을 받았다.

그런 예선이가 이번에는 다시 고국으로 돌아온 우리 가정의 생계를 책임지는 가장이 되었다. 한국은 예선이에게도 태어나고 자란 고국이지만 너무 어릴 때 떠난 탓에 이국과도 같았다. 그럼에도 도착하자마자 직장에 다니며 가장 아닌 가장의 부담을 홀로 감내해야 했다. 지난 세월을 생각해 보면 두 딸아이에게 지금도 아비로서 무척이나 고맙고 미안한 마음이 있다.

예선이는 함께 송도주예수교회를 개척하고 2년 동안 교회의 반주자로, 찬양사역자로, 교육부 총괄책임자로 일하면서 교회를 세우는 일에 큰 역할을 감당했다.

어느 날 하나님께서 예선이를 다시 미국으로 부르셨다. 예선이는 미국 뉴저지에 있는 Westminster Rider college, School of Graduate in Music(MA, Newjersy in USA)에서 피아노 전공으로 종교음악 석사 과정을 마치고 본교인 Westminster Rider college faculty of Conservatory of music(Newjersy in USA) 웨스트민스터 라이더 칼리지 음악 대학 피아노(영재) 교수요원으로 쓰임 받았다. 그리고 교회의 전도사로 고등학교 음악 교사로 쓰임을 받고 하와이 예수전도단 본부에서 제자훈련학교(YWAM DTS)를 마쳤다.

그리고 2023년 3월 본 교회의 청빙을 받고 다시 한국으로 돌아와 다음 세대 사역과 교회 음악 전체를 총괄하는 사역자로 섬기고 있다. 젊은 날의 골든타임을 기꺼이 주께 드린 예선이가 이제는 부모의 동역자가 아닌, 다시 오실 예수 그리스도의 길을 예비하는 하나님의 종으로 사역하고 있다.

탈무드 격언에는 '젊은이가 죽으면 하나님도 눈물을 흘리신다.'라는 말이 있다. 도산 안창호 선생은 '낙망은 청년의 죽음이요, 청년이 죽으면 나라도 죽는다.'라고 했다. 그만큼 젊은이는 소중하고 값진 존재들이다. 값진 존재인 청년의 시기를 하나님께 드릴 때 하나님께서는 그 인생을 반드시 책임지신다.

나는 내가 살아온 경험을 통해 단호히 말할 수 있다. 하나님께 가장 소중한 것을 드려라. 그러면 하나님께서도 가장 소중한 것으로 보답하신다. 마치 다윗과 같이 그리고 다니엘과 같이 성경에 기록된 수많은 청년과 같이 한 시대를 움직이는 하나님의 사람들로 세우실 것이다.

| 일곱번째 이야기

내 인생의 전-성-기

†

목사가 전도하고 성경 읽고 가르치며 기도하면 그 삶이 바로 하나님께서 인정하시는 전성기의 삶이다.

하나님과 독대하는 시간이 길어질수록 그리고 그 깊이가 깊어질수록 나의 가슴은 날마다 새롭게 깨닫게 해주시는 말씀과 비전으로 인하여 뜨거워졌다. 그러나 이 비전을 나눌 사람이라고는 아내와 큰 딸아이뿐이었다. 너무 답답했다. 그리고 갈급했다. 이 벅차오르는 감격을, 이 놀라운 하나님의 계획을 들고 뛰고 싶었다. 그러나 하나님은 그저 바위에 앉아 독대하자 하신다. 더 기다리라 말씀하시는 것 같았다. 나는 날마다 주께 나아가 여쭙고 또 여쭈어보았다.

"아버지, 약속하셨던 그곳이 어디입니까?"
"주시겠다고 약속하셨던, 제 손으로 짓지 아니한 아름다운 성읍은 어디입니까?"

"제게 줄로 재어주신 구역은 어디입니까?"

"이 비밀의 말씀을 함께 나눌 성도들을 주옵소서. 제게도 교회를 주옵소서."

눈물을 쏟으며 수없이 같은 질문을 반복해 올려드려도 아버지께서는 아무런 대답도 없으셨다.

나는 내가 살아 숨을 쉬는 동안 꼭 부흥을 보고 싶다. 내가 구원의 비밀을 깨닫던 그날부터, 성경이 믿어지는 놀라운 기적이 내게 일어난 그날부터, 나는 너무도 간절히 부흥을 사모하고 또 사모하게 되었다.

그래서 복음이 깨달아지는 그 순간 바로 길거리로 뛰쳐나가 복음을 외쳤다. 나 같은 끔찍한 죄인도 구원해주시는 예수님의 사랑을 전하고 싶었다. 동인천역에서, 길거리에서, 사거리에서 그리고 출퇴근 버스 안에서, 쉬는 날에는 버스표를 한 뭉치씩 사 들고 그 표를 다 사용할 때까지 버스를 갈아타면서 복음을 외치고 또 외쳤다.

필리핀에 선교하러 갔을 때도 한 지역에 머무른 것이 아니라 교회가 없는 지역을 옮겨 다니면서 복음을 전하고 새로운 교회를 세웠다. 미국에서 이민자 목회를 시작할 때도 아내와 둘이 노방전도로 교회를 개척했다.

나는 지금도 여전히 내가 살아 숨을 쉬는 동안 꼭 부흥을 꼭 보고 싶다. 그 부흥만이 나와 같이 지옥으로 달려가는 많은 영혼의 발걸음을 멈춰 세울 수 있기 때문이요, 그것이 우리 아버지의 갈망이기 때문이요, 예수 그리스도의 다시 오시는 길을 준비하는 길이기 때문이다. 기록된 말씀, 언약의 말씀, 내 사랑 내 주님의 말씀, 지옥으로 달려가던 나의 발걸음을 멈춰 세우고 복음을 전하는 천국의 종놈으로 불러주신 그 능력의 말씀, 그 놀라운 말씀에는 늦은 비의 축복이 기록되어 있다.

마지막 그날이 이르기 전에 전무후무한 부흥이 반드시 있을 것이라 믿는다. 아직 구원받지 못한 사람들에게 마지막 기회를 주실 것이라고 믿기 때문이다. 그래서 나는 그날을 기다린다. 마치 오랜 가뭄에, 마지막 있는 힘을 다하여 딱딱하게 말라버린 밭을 괭이로 일구고, 마지막 남은 씨앗을 탈탈 털어 땅에 묻어놓은 후에, 하늘을 바라보며 단비를 기다리는 것 같은, 가난한 농부의 심정으로 애타게 부흥을 기다린다.

그날, 하나님께서 단비를 마음껏 내려주시는 그날에, 나는 마음껏 단비를 맞으며 사랑하는 성도들과 찬양을 올려드리고 싶다. 아니 그 단비를 맞이하기 위해 열심히 쟁기질하고 밭을 일구고 여기저기 뛰어다니며 복음을 전하고 싶다. 그러나 아버지께서는 여전히 아버지와만 독대하자 하신다.

그렇게 홀로 바위에 앉아 수많은 밤이 지나고 동이 터왔다. 처음 산에 올랐던 날, 첫얼음이 얼었던 그 길가에 어느 순간 수북하게 눈이 쌓이더니, 눈 녹은 물이 졸졸 흐르는 물줄기를 따라 파릇파릇한

새순이 돋아나기 시작했다. 온 산이 싱그러운 푸른색으로 변해가던 어느 날, 깊은 내면의 음성이 들려왔다.

"종아. 지금 너는 무엇을 하고 있니?"

"산에서 이렇게 기도하고 있습니다."

"그래 예전과 기도하는 깊이가 다르더라. 그다음에는 무엇을 하고 있니?"

"말씀을 읽고 있습니다."

"그래 말씀을 깨닫는 깊이가 예전과 다르더라. 그다음에는 무엇을 하고 있니?"

"깨달은 말씀으로 벅차오르는 가슴을 주체할 수 없어 거리에 나가 전도하고 있습니다. "

"그래 지금 기도하고 말씀 읽고 전도하고 있지? 세 단어를 한번 연결해 볼래?"

"기도, 말씀, 전도"

"순서를 살짝 바꿔볼래?"

"전도, 성경, 기도"

"그래 목사는 전도하고 성경 보고 기도하면 그것이 전성기인 거야"

"아! 전-성-기"

나는 이제껏 내 인생의 전성기를 누리고 있음에도 그것이 전성기인 줄 알지 못했다. 목사가 전도하고 성경 읽고 기도하면 그 삶이 바로 하나님께서 인정하시는 전성기의 삶인 것이었다.

이 책은 하나님께서 지금 당신을 **[전성기의 삶]**으로 부르시는 초대장이다. 선택은 당신에게 달려있다. 당신은 초대에 응할 준비가 되었는가?

제2장

내 인생 최고의 전-성-기

| 첫번째 이야기

노방에서 시작된 송도주예수교회

†

언제나 하나님께서는 나보다 앞서 행하시는 분이시다.

하나님께서 정하신 기한이 지났다. 산에서 마음으로 확증해 주신 전성기의 삶을 평생 누리며 살기로 결단한 우리 부부에게 세상에서 가장 큰 교회를 맡겨주셨다. 하나님의 발등상인 땅이 교회 바닥이었고 하나님의 보좌가 있으신 하늘이 우리 교회의 천장이었다. 사방이 다 뚫려 끝이 보이지 않는 커다란 교회, 그렇다. 하나님께서 처음 우리에게 주신 교회는 길거리 노방(路傍) 이었다.

우리 부부는 송도 국제도시의 아크리아 사거리에 나가 날마다 복음을 전했다. 그 기쁨을 어찌 말로 다 표현하랴! 노방 교회는 날마다 복음을 들어야 하는 초신자들로 넘쳐났다. 우리가 복음을 외치는 그곳을 지나는 모든 사람이 우리 교회에 새로 온 성도들이었다.

아내와 나는 참 다르다. 아니, 닮은 것이 거의 없다. 성격도 다르고 식성도 다르고 좋아하는 음악도 다르다. 하다못해 체형과 체질도 완전히 다르다. 나는 풍채가 좋지만, 아내는 처녀 때나 지금이나 체형과 몸무게가 거의 비슷하다. 나는 추위를 잘 탄다. 겨울에 시동을 걸기 위해 차에 올라타면서 내가 춥다고 손을 비비며 덜덜 떨고 있으면 옆에서 솔(sol) 톤으로 이렇게 말한다.

"와! 오늘 날씨 정말 시원하다! 그렇지 여보."

그런데 찰떡궁합처럼 잘 맞는 것이 딱 하나 있으니, 그것은 복음에 대한 열정이다. 우리 부부는 둘 다 예수 그리스도의 복음을 전하는 일을 세상에서 가장 좋아하고 가장 가치 있게 생각한다. 지금도 아내는 고백한다. 우리 가족 넷이 버스에 올라, 내가 복음을 전하는 동안, 아이 둘과 함께 전도지를 나누어주었던 그 시절이 가장 행복했다고.

내 평생의 동역자인 아내가 있었기에 낯선 이국에서의 선교사역과 그 고독한 훈련의 시간을 견딜 수 있었다. 아내는 아내는 나에게 언제나 가장 든든한 동역자이며 중보기도자였고 조력자였다. 그런 아내가 오늘도 내 옆에서 나보다 더 열심히, 늘 같은 열정으로 복음을 전한다.

"예수님 믿으세요. 예수님은 우리의 구원자이십니다."

조금이라도 관심을 보이는 사람이 있으면 그 순간을 놓치지 않고 자신이 직접 제작한 '3분 복음 메시지'를 전한다. 어느 순간 복음을 듣고 있던 사람과 전하고 있던 아내는 두 손을 잡고 시멘트 길바닥에 무릎을 꿇고 앉는다. 그리고 아내의 영접 기도를 따라 하기 시작한다. 그것도 눈물을 주르르 흘리며 따라 한다. 이때의 감격이란 경험해보지 않으면 알 수 없다. 송도주예수교회는 이렇게 노방에서 시작되었다.

이날도 노방전도를 하고 있던 우리 부부를 다니엘 김 선교사가 발견하고는 반갑게 인사를 한다. 몇 달 전에 길에서 우연히 다니엘 김 선교사를 만난 적이 있었다. 미국에 있을 때 선교사의 자서전인 [철인]이라는 책과 설교 영상을 통해 선교사의 얼굴이 익숙했던 아내가 자신의 옆을 지나가는 선교사에게 반갑게 인사를 한 것이다. 그때 아내는 다니엘 김 선교사와 일면식도 없었다. 참 용기도 좋다고 생각했다. 그날 아내는 집에 와서 내게 이렇게 말하면서 파안대소 했다.

"나는 하도 말씀으로 은혜를 받아서 우리 둘이 원래 알고 있다고 착각하고 나도 모르게 반갑게 인사를 했지 뭐예요."

정말 기적은 여기부터이다. 생전 처음 본 사람이 그것도 한참이나 연배가 높은 여인이 반갑게 아는 척을 하는데 다니엘 김 선교사가 이렇게 말하는 것이 아닌가?

"사모님, 오늘 저희 어머니께서 이 근처에서 카페를 개업하시는 날인데 그곳에 가셔서 같이 이야기하시겠어요?"

다니엘 김 선교사와의 만남은 이렇게 시작되었다. 서로 깊이 교제하면서 그리스도 안에서 한 영이라는 것을 알 수 있었다. 그런데 노방에서 전도하다가 또 만난 것이다. 얼마나 반가웠던지.

이 일이 인연이 되어 얼마 후 우리가 35평 작은 상가에 교회를 개척했을 때 우리 교회의 첫 부흥회 강사로 초청했다. 다니엘 김 선교사는 지금도 바쁘지만, 교회를 개척할 때인 8년 전에는 국내외 집회 일정이 2년 정도 꽉 차 있는 상태였다. 그런데도 시간을 내어 개척한 지 얼마 되지 않는 작은 교회의 부흥회 강사로 와준 것이다.

부흥회 첫날, 다니엘 김 선교사가 말씀 중에 그날 새벽 꾸었던 꿈 이야기를 했다. 한 여인이 아이를 해산했는데 선교사님이 직접 탯줄을 끊어 주었다는 내용이었다. 그런데 여인이나 아이가 누구인지는 알 수 없고 그 해석도 정확하게 할 수 없지만 원래 꿈을 잘 꾸지 않는데 그 꿈은 너무나 생생하여 말씀드리는 것이라 했다. 이럴 수가? 사실 그날 아내도 꿈을 꾸었다. 꿈에 아내가 해산 기한이 다 되어 사내아이를 순산했단다. 정말 잘생기고 튼튼한 아이를 낳았는데 신기하게도 피 한 방울 묻지 않고 깨끗하더란다. 부흥회가 끝나고 다니엘 김 선교사에게 아내가 말했다.

"선교사님 제가 새벽에 꿈에서 사내아이를 낳았어요. 선교사님이 꿈에서 탯줄을 끊어주신 신생아가 우리 교회인 것 같아요. 아마도 우리 교회가 태동하는 데 큰 역할을 하실 거라는 하나님의 사인인 것 같아요."

나는 20여 년 동안 한국에서 목회하지 않았다. 그러니 한국에 있는 사람 중 내가 어떤 사역을 했는지 아는 사람들은 우리 가족과 몇몇 지인들뿐이었다. 그래서 나는 개척하면서 마음의 준비를 단단히 했다. 이력을 알 수 없는 목사가 작은 상가에 교회를 개척하면 목사의 신앙적 노선과 정통성을 의심하는 사람이 있을 것이기 때문이다.

그런데 하나님께서는 개척 다섯 달 후에 당시 한국교회에서 검증된 다니엘 김 선교사를 부흥회 강사로 보내주셨다. 송도의 작은 개척 교회에서 다니엘 김 선교사가 부흥회를 했다는 소식을 듣고 찾아온 성도들이 있다. 지금 그들 대부분은 교회에 충실한 일꾼이 되었다. 언제나 하나님께서는 나보다 먼저 행하시는 분이시다.

| 두번째 이야기

35평 상가교회

"아버지! 지하라도 괜찮사오니, 아니 단 한 평이라도 좋사오니 무릎 꿇고 기도할 수 있는 교회를 주옵소서."

2015년 4월 26일, 한국에 돌아온 지 꼭 1년 6개월 만에 하나님께서 작은 상가교회를 주셨다. 신기하게도 우리가 매일 서서 전도하던 곳이 아크리아 사거리였는데 바로 옆에 있는 아크리아 상가 2층에 교회를 마련해 주셨다. 이것을 어떻게 우연이라 할 수 있을까? 하나님의 얼굴을 구하며 기도 바위에 올라 기도하던 때에 눈 앞에 펼쳐진 송도의 마천루를 바라보며 이렇게 기도했었다.

"아버지! 지하라도 괜찮사오니, 아니 단 한 평이라도 좋사오니 무릎 꿇고 기도할 수 있는 교회를 주옵소서."

나는 한 평을 구했는데 아버지께서는 35배인 35평의 교회를 주셨다. 송도주예수교회는 노방에서 전도한 성도 2명, 우리 부부, 첫째 딸 예선이 그리고 막내 처남 부부 이렇게 7명으로 시작되었다. 막내처남 부부는 우리가 필리핀에서 선교사역을 할 때 부족한 선교비와 생활비를 많이 보내주었다. 그리고 미국 이민자 목회를 하고 있을 때도 늘 한결같이 우리의 공급자이신 하나님의 전달자가 되어 주었다.

사실 막내 처남은 그렇게 신앙이 좋은 편이 아니었다. 집사님이었던 어머니와 사모가 된 누나를 따라 구원의 감격이나 특별한 사명감이 없이 교회를 다녔었다. 그리고 매형과 누나가 선교사역을 하느라 경제적으로 부족할 때는 사역을 위해서라기보다는 누나에 대한 사랑하는 마음과 안타까운 마음 때문에 물질적 도움을 준 것이었다. 아마도 그 마음 한 구석에는 부담도 있었을 것이다.

그런데 이번에는 누나와 매형, 큰 조카딸이 달랑 여행용 가방 두 개만을 들고 한국에 돌아왔다. 그것도 몇 달 지내러 온 것이 아니라 외국의 모든 생활을 정리하고 완전히 돌아왔다. 오라는 교회도 없이, 방 한 칸 구할 돈도 없이, 아니 단 한 달 생활할 돈도 없이 말이다.

입장 바꿔 생각해 보면 무척이나 당황스럽고 부담스러웠을 것이다. 그런데 막내 처남 부부는 3개월간이나 자신의 집을 내주었다. 얼마나 불편했을까? 처남도 처남이지만 시누이 가족과 한집에 살면서 매일 정성껏 식사까지 챙겨야 했던 처남댁에게 지금도 고맙고 미안한 마음을 다 표현할 길이 없다.

우리 가족과 처남 가족은 3개월간 한 집에서 생활하면서 예배를 드렸다. 그리고 내게 깨닫게 하신 그 성경 말씀을 함께 나누기 시작했다. 그렇게 한두 달쯤 지났을 때 하나님께서는 처남 부부와 외동딸까지 다시 복음으로 완전히 거듭나는 선물을 주셨다.

기쁨과 책임감으로 하나님의 종을 아낌없이 섬긴 처남 가족에게 하나님께서는 썩지 아니하는 영원한 생명으로 보답하신 것이다. 그리고 교회 개척에 꼭 필요한 성전 보증금을 기쁨으로 드릴 수 있도록 두 부부의 마음을 감동하시고 믿음까지 주셨다. 솔로몬 성전을 지탱하고 있던 두 기둥 야긴과 보아스와 같이 지금도 여전히 송도주예수교회를 든든히 떠받치고 있는 일꾼으로 쓰임 받고 있다.

| 세번째 이야기

기선 제압(機先制壓)

〈기선 제압 機先制壓〉

「운동 경기나 싸움 따위에서, 상대편의 세력이나 기세 따위를 위력이나 위엄으로 먼저 억눌러서 통제함」

이제 실전이다. 하나님께서 나에게 그토록 사랑하시는 교회를 맡기셨다. 하나님께 교회가 얼마나 소중한가? 자신의 하나밖에 없는 아들을 십자가에 내어주신 피 값으로 세운 것이 교회가 아닌가? 그리고 교회는 복음의 완성인 예수 그리스도의 다시 오심을 준비하는 열쇠가 아닌가? 나는 먼저 교회를 무너트리려는 사탄의 기선을 제압해야 한다고 생각했다. 왜냐하면, 이제 막 태어난 신생아와 같은 교회는 사탄으로부터 무수한 불화살 공격을 받을 것이 뻔하기 때문이다.

나는 한 영혼을 살려내느냐 지옥으로 보내느냐는 전적으로 교회에 달려있다고 믿는다. 영적 세계가 존재한다는 사실을 아는 사람이라면 그리고 이 세계가 얼마나 치열한지를 아는 사람이라면 영적 싸움이라는 말이 어떤 의미인지 금방 알 수 있을 것이다.

사탄에게 압도당한 교회는 경건의 능력은 없고 경건의 모양만 있는 그저 그런 교회 건물이 되고 만다. 그런 교회는 사탄이 조금도 두려워하지 않는다. 그런 교회가 인산인해를 이루고 건물마다 모조리 십자가를 달고 교회라고 우겨도 사탄은 콧방귀도 뀌지 않는다.

그러나 단 한 명의 성도만 있더라도, 아니 성도가 없이 담임 목사 한 사람뿐이라도 사탄의 기선을 제압해 버리면 사탄은 두려움에 떨면서 그 자리를 떠나고 만다. 그래서 싸움의 목적은 이기는 것이다. 이기려고 싸우는 것이다. 싸움에서 이기기 위해서는 영적 주도권을 잡아야 한다. 절대로 주도권을 내어주어서는 안 된다.

■ 21일 한판 대결

영적 싸움에서 주도권을 차지하기 위해 개척 첫 예배를 드린 그날 밤부터 21일간 철야기도를 시작했다. 산 기도를 할 때 바위 옆에 쳤던 텐트를 이번에는 강대상 옆에 쳤다. 우리 교회를 노려보고 있을 사탄에 대한 선전포고였고 절대 물러서지 않겠다는 의지의 표현이었다. 나는 강대상 옆 텐트 안에서 치열한 영적 싸움에 돌입했다.

우리의 싸움은 혈과 육을 상대하는 것이 아니요
통치자들과 권세들과 이 어둠의 세상 주관자들과

하늘에 있는 악의 영들을 상대함이라
(에베소서 6장 12절)

산에 올라 기도할 때 하나님께서 세우시고자 하는 교회는 어떤 교회인지에 대해 많은 감동을 받았다. 그리고 하나님께서 앞으로 어떤 일들을 행하실지에 대한 비진도 다시 한번 확인해 주셨다. 하나님께서 세우시고자 하는 교회는 복음의 완성을 위해 전력 질주하는 '선교적 교회'이다.

이를 위해서는 환난의 때를 거뜬히 견디어낼 그리스도의 신부들을 길러내는 교회가 되어야 한다. 그리고 이 땅에 늦은 비를 주실 그 날을 대망하며 땀 흘리며 밭을 일굴 일꾼들과, 때에 따라 말씀의 양식과 육의 양식을 나누어줄 요셉과 같은 이들이 준비되어야 한다.

그렇게 정립된 것이 목사로서 나 자신을 위한 전-성-기[2] 목회와 3-S 목회 철학[3], 그리고 교회로서의 이상적 역할 수행을 위하여 필요한 성도의 4대 사명[4]과 송도주예수교회의 5대 목표[5]이다. 이것을 방해하려는 사탄과의 한판 대결, 21일째 철야를 마치고 밝아온 새벽 내면에 깊은 확신과 기쁨이 강같이 솟아났다.

---

2) 전도, 성경, 기도

3) Self Isolation(자초된 고립), Self Poverty(자초된 가난), Self Suffering(자초된 고난)

4) 1. 구원받으라! (Be redeemed!) 2. 성령 받아라! (Receive the Holy Spirit!)
3. 증인 되어라! (Be a witness!) 4. 신부 되어라! (Be a bride!)

5) 1. 역동적인 예배가 있는 교회 2. 참된 제자를 생산하는 교회
3. 건강한 가정을 세우는 교회 4. 지역 공동체를 섬기는 교회
5. 세계 복음화를 이루는 교회

"이겼다."

물론 앞으로도 목회 현장에서는 피할 수 없는 치열한 영적 싸움이 계속 있을 것이다. 그러나 나는 그 싸움의 승패가 걸린 기선 제압에서 승리했다고 믿는다.

농부는 아무 땅에나 씨를 뿌리지 않는다. 이 땅이 척박한지 비옥한지를 파악하고, 땅을 개간하고 객토 작업을 한 후에야 비로소 씨를 뿌린다. 소중한 씨앗을 아무 데나 뿌려 낭비하지 않기 위함이다. 농부는 가을에 거두어 들일 소출을 기대하며, 그 열매를 기대하며 씨를 뿌린다.

영적인 토양도 마찬가지이다. 마태복음 13장에 소개된 씨뿌리는 비유를 보라! 30배, 60배, 100배의 열매를 맺기 위해서는 씨가 좋은 땅에 떨어져야 한다. 그 좋은 땅은 그냥 생기는 것이 아니라 개간을 해야 한다. 객토 작업도 해야 한다. 좋은 땅은 만들어 가는 것이다.

예수님은 누가복음 13장 34절에서 도시에 살고 있는 사람들에게 말씀하지 않으시고 도시에 대하여 말씀하셨다.

예루살렘아 예루살렘아,
선지자들을 죽이고 네게 파송된 자들을 돌로 치는 자여

사람들이 모여 사는 도시를 하나의 인격으로 보신 것이다. 도시를 향하여 말씀하시고 명령하셨다. 20만 명의 성소수자들이 모여 동성애 축제를 벌인 이스라엘의 텔아비브, 하나님을 예배하고 섬겨야 하는 도시가 타락했을 때 그 도시 전체는 음란하고 포악하고 불신한 영이 가득하게 된다.

한 도시가 하나님을 예배하는 자리에서 떠나면 추악한 세속의 문화가 그 자리를 밀고 들어온다. 그리고 그런 도시에 세워진 교회는 어둠의 권세에 눌려 성장이 멈추게 된다. 이것을 막기 위해서는 이 땅의 공중 권세를 잡은 어둠의 영과의 싸움에서 압도적으로 기선을 제압해야 한다.

이것이 영적 샅바 싸움이다. 씨름 선수들을 보라. 시합을 위하여 샅바 싸움에 가장 많은 힘을 들이고 심리전이 이만저만 아니니다. 주도권을 잡는 것이 승패를 결정하기 때문이다. 절대 주도권을 내어주어서는 안된다.

이런 영적인 이해를 바탕으로, 교회가 세워진 후 지난 8년 동안 성도들과 함께 12차에 걸친 송도 복음화 기도 행진을 진행했다. 그리고 매년 송구영신 예배를 마치고 자원하는 성도들과 함께 인천경제자유구역청, 연수구청, 인천시청, 청와대, 국회의사당, 서울시청, 광화문 광장을 돌며 이 땅에 하나님의 말씀에 근거한 법과 원칙이 세워져 부흥의 파도가 일어나기를 기도했다.

부흥을 갈망하는 나의 눈물과 성도들의 눈물이 간절한 기도가 되어 이 땅에 뿌려졌다. 나는 믿는다. 주님께서 때가 되면 반드시 이 눈물의 기도에 부흥의 열매로 보답하실 것이다.

하나님이 데만에서부터 오시며
거룩한 자가 바란 산에서부터 오시는도다
그의 영광이 하늘을 덮었고
그의 찬송이 세계에 가득하도다
(하박국 3장 3절)

| 네번째 이야기

예수의 복음으로 이 도시를 가득 채워라!

만군의 여호와가 이와 같이 말하노라.
그날에는 말이 다른 이방 백성 열 명이
유다 사람 하나의 옷자락을 잡을 것이라
곧 잡고 말하기를 하나님이 너희와 함께하심을 들었나니
우리가 너희와 함께 가려 하노라 하리라 하시니라
(스가랴 8:23)

†

개척 후 21일 철야기도를 마치고 8월 한 달을 '하루 세 번 기도, 하루 한 번 전도, 하루 한 명 전도'를 하자는 의미로 『3.1.1 전도의 달!』로 정했다. 그리고 우리 부부는 스가랴 8장 23절의 말씀을 붙잡고 이렇게 기도하며 매일 노방전도를 했다.

"주님! 내게 열 명을 주옵소서!"

이 기간에 하나님께서는 25명이 방문하여 그중 11명이 등록하는 열매를 맺게 해주셨다. 내가 서 있는 그 자리에서 복음을 선포할 때, 그 땅은 복음의 능력으로 압도되어 열매를 맺고, 동시에 전 세계 열방이 복음으로 압도되는 일이 일어날 것이다. 나는 거리마다 예수 그리스도의 복음으로 가득 채워지는 그날을 바라보며 전도를 쉬지 않는다.

사도행전 5장에는 성령을 받은 초대교회 공동체가 당시 자기들이 살고 있던 예루살렘이라는 도시를 어떻게 복음으로 변화시켜 나갔는지를 보여준다. 18절에 보면 사도들이 복음을 전하다가 감옥에 갇혔다. 그러나 천사의 도움을 받아 극적으로 탈옥한 뒤 그들은 새벽 시간임에도 불구하고 또, 다시 성전 앞에 서서 담대하게 복음을 전했다. 결국, 사도들은 다시 감옥에 갇히고 말았다. 대제사장이 사도들을 끌어다가 공회 앞에 세우고 이렇게 말한다.

가로되 우리가 이 이름으로 사람을 가르치지 말라고
엄금하였으되 너희가 너희 교를 예루살렘에 가득하게 하니
이 사람의 피를 우리에게로 돌리고자 함이로다
(사도행전 5장 28절)

그들은 그 도시 사람들로부터 "너희가 믿는 예수로 예루살렘을 가득 채웠다."라고 인정받았다. 성경을 읽다가 큰 충격을 받은 말씀이 있다. 이 말씀에서 참된 전도 방법의 비밀을 발견했다.

예수께서 일어나사 거기를 떠나
두로 지경으로 가서 한 집에 들어가
아무도 모르게 하시려 하나 숨길 수 없더라
(마가복음 7장 24절)

예수께서는 자신을 드러내지 아니하시고, 두로 지방의 한 집안에 조용히 계셨다. 그런데도 많은 사람이 예수께로 찾아왔다. 수로보니게 여인도 그곳으로 예수 그리스도를 찾아왔다. 그리고 귀신 들려 고통 중에 있는 그녀의 딸이 자유케 되었다. 예수님께서 조용히 숨어 계셔도 사람들은 빛이신 예수 그리스도를 찾아왔다.

참된 교회는 예수 그리스도의 몸이다. 예수 그리스도께서 교회의 머리가 되어 주시기 때문이다. 예수 그리스도께서 머리가 되신 교회는 사람들이 몰려들 것이다. 삶의 무게로 고통 중에 있는 많은 영혼이 예수께로 나아와 자유케 되는 치유의 역사가 일어날 것이다.

하나님께서는 송도에서 가장 먼저 지어져 다소 노후 된, 아크리아 상가 3층에 35평 정도 되는 첫 성전을 허락해 주셨다. 그런데 성도들이 교회에 들어오기까지 몇 군데 관문을 통과해야만 했다.

엘리베이터에서 내리면 바로 앞에 교회학교 어린아이들을 유혹하고 있는 PC방이 있다. 그리고 바로 이어 성인 성도들이 반드시 넘어야 할 당구장과 노래방과 고급 BAR가 있다. 친구 목사가 방문하더니 개척 교회가 피해야 할 세 가지를 같은 층에 다 갖추었다고 염려를 했던 것이 기억난다.

첫 예배를 드린 이후 주변 환경이 매우 열악한 작은 상가교회에 사람들이 꾸역꾸역 몰려들었다. 하나님께서는 1년도 되기 전에 35평의 성전을 가득 채워주셨다. 개척 첫 예배를 드린 날부터 사탄과의 영적 싸움에 승리하기 위해 성전 강단에서 무릎을 꿇고 21일 동안 진행한 철야기도에서 승리한 결과라고 믿는다.

또한, 우리 교회는 노방전도를 통해 복음을 전했다. 길거리에서 전도되어 성도가 되는 과정은 쉽지 않은 일이다. 하지만 노방에서 전도하는 우리에게 하나님께서는 다른 방법으로 성도들을 보내주셔서 성전을 채워주셨다.

숨길 수 없는 소중한 그 이름, 오직 예수 그리스도를 선포할 때, 가정이 변화되고 학교와 일터가 변화되어 결국, 이 땅에 예수 그리스도의 영광이 가득할 것을 나는 믿는다. 그때로부터 지금도 매해 8월이 되면 나는 송도 땅 전역을 발로 밟으며 예수의 복음으로 송도 땅을 가득 채우기 위해 매일 전도한다. 그것도 가장 태양이 뜨거운 낮 1시~2시경에 시작한다. 왜냐하면, 그 시간대가 필리핀의 뜨겁고 습한 날씨와 가장 흡사하기 때문이다.

나는 머리 위로 뜨거운 태양빛을 받으며 선교사로 처음 필리핀 땅을 밟던 그 순간을 기억한다. 시멘트 바닥에 흐릿한 조명 하나 덩그러니 놓여있는 농구장 집회에서 복음을 깨닫고 수정같이 맑은 눈물을 흘리던 필리핀의 성도들을 기억한다. 그리고 그 사랑스러운 성도들을 두고 필리핀을 떠나올 때 눈물을 삼키며 굳게 다짐했던 그 마음을 되새긴다.

토속 신앙이 뿌리 깊게 자리를 잡고 있는 선교 현장은 영적 전쟁이 매우 치열하다. 말로 설명할 수 없는 영적인 현상들이 많고 다양하게 일어난다. 그리고 경제적으로도 매우 열악하다. 그런데 영적 전쟁이 치열한 만큼 복음의 폭발력과 성령의 역사는 대단했다.

필리핀에 도착한 지 얼마 되지 않아 사람들을 모아 놓고 집회를 인도하고 있었다. 한국에서 새로운 선교사가 왔다는 소문에 여기저기서 사람들이 구름떼처럼 몰려들었다. 말씀을 듣기 위해 온 사람들도 있을 테지만 호기심에 굿판을 구경하듯 그냥 와 본 사람들도 많았다.

나는 성능이 좋지 않아 지지직 소리가 나는 작은 이동용 스피커에 연결된 마이크를 잡고, 옷이 다 젖을 정도로 땀을 흘리며 열정적으로 말씀을 전하고 있었다. 집회가 중반을 향하여 갈 때쯤 갑자기 한쪽에서 웅성웅성 소리가 들려왔다. 웅성거림이 점점 커지더니 사람들이 그쪽으로 몰려가기 시작했다. 그리고 누군가 이렇게 소리를 질렀다.

"사람이 죽었다. 사람이 죽었어."

나는 빽빽하게 모여있는 사람들 사이를 헤치고 무리의 중앙으로 들어갔다. 현지인 남자 한 명이 미동 없이 땅바닥에 대자로 누워 있었다. 몸은 딱딱하게 굳어 있었고 숨도 쉬지 않는 것처럼 보였다.

휘둥그레 뜬 눈 역시 깜박임도 없이 허공에 고정된 채였고 검은자위는 보이지 않았으며 새빨갛게 충혈된 흰자위만 보였다. 마치 죽은 것만 같았다.

"아…… 주님!"

순간 나도 모르게 작은 탄식이 흘러나왔다. 그 사람과 나를 빙 둘러서 구경하고 있던 사람들은 고개를 가로저으며 손가락질을 하거나, 안타까움에 울고 있거나, 놀란 눈으로 우리를 주목하고 있는 등 다양한 모습으로 나를 응시하고 있었다. 그들의 눈빛에는 과연, 한국인 선교사가 이 사람을 어떻게 할 지 궁금한 기색이 역력했다. 그 순간 스치듯 강한 내면의 음성이 들려왔다.

"복음을 전할 수 있는 가장 중요한 순간이 되었으니, 모여든 사람 전체를 대상으로 큰 소리로 복음을 선포하라."

나는 즉시 순종하여 크고 단호한 어조로 복음을 외치기 시작했다.

"이 사람은 죽은 것이 아닙니다. 더럽고 악한 영이 이 사람을 이렇게 만든 것입니다."

사람들의 눈이 나를 뚫어져라 응시했다. 나는 더 크게 외쳤다.

"이 사람을 온전하게 할 수 있는 분은 예수 그리스도이십니다. 하나님의 아들이신 예수님께서 저와 여러분을 죄에서 구원하고 자유롭게 하시기 위해 이 땅에 오셔서 십자가에 달려 죽으셨습니다. 그 사실을 믿으면 우리는 죄에서 용서받고 구원받습니다. 그리고 하나님의 자녀가 되는 권세를 누리며 살아갈 수 있습니다. 그렇다면 죄는 무엇일까요?"

사람들의 눈이 더욱 커졌다. 그리고 그들의 눈동자는 나의 손놀림을 따라 움직였다.

"바로 예수 그리스도를 믿지 않는 것입니다."

숨소리도 들리지 않는 적막이 흐르는 가운데, 나는 누워있는 그 사람을 향하여 큰 소리로 명령했다.

"예수 그리스도의 이름으로 명령하노니 당장 이 사람에게서 떠나갈지어다."

조금의 움직임도 없이 빳빳하게 굳어 있던 그 사람은, 명령이 떨어지자마자 잠시 경기를 하듯 몸을 부르르 떨더니 이내 자기 몸의 먼지를 툭툭 털고 일어나 앉았다. 나는 그에게 정확한 복음을 전했다. 복음을 들은 그는 나를 따라 예수님을 구원자로 영접하는 기도를 했다. 그런데 놀랍게도 그 현장을 두 눈으로 확인한 사람들이 기도를 따라 하고 있었다.

그날 이후, 그 동네에서 나를 대하는 사람들의 태도가 부드럽게 바뀌었다. 당연히 말씀을 받아들이는 반응도 달라졌다. 날마다 사람들이 교회로 몰려들었다. 무엇보다 지역의 목회자들이 하나님께서 직접 역사하시는 현장을 보면서 큰 믿음의 용기를 갖게 되었다. 그렇게 6년이 채 되지 않아 한 도시가 완전히 복음으로 바뀌었다.

과연 이 일들은 나의 능력과 열심으로 이룬 것일까? 나는 단호하게 말할 수 있다. 오직 예수 그리스도 그 이름의 능력이, 복음의 능력이 이 도시를 변화시킨 것이다. 그렇다면 복음의 능력은 언제 나타나는가? 그것은 그 이름의 능력을 믿는 믿음의 사람을 통하여 나타난다.

하나님은 지금도 예수 그리스도의 이름의 능력을 이 세상에 나타내고 싶어 하신다. 그래서 그 믿음의 사람을 애타게 찾고 계신다. 그 믿음의 사람이 이 책을 읽고 있는 바로 당신이기를 소망한다.

시간이 지날수록 여기저기 사역을 해야 하는 지역이 넓어졌다. 양육하고 돌봐야 할 현지인 사역자들과 청년 지도자들의 숫자가 늘어났고 해야 할 일들도 너무 많아져 혼자 감당하기 버거울 정도였다. 이렇게 은혜로운 사역이 확장되어도 후원교회를 통해 지원되는 선교비는 항상 일정했다. 선교사역에 사용해야 할 예산이 부족하여 고민이 깊어지기 시작했다.

아마도 선교 현장에 계신 선교사들은 더 말할 필요 없이 깊게 공감하는 부분일 것이다. 물론 선교 현장에서 가장 필요한 것은 뒤에서 기도로 후원하는 중보기도의 힘이다. 그에 못지않게 필요한 것은 사역을 할 수 있는 재정이다. 선교사에게 가장 필요한 것을 꼽으라면 이 두 가지일 것이다. 선교사에게 있어 선교비는 군인이 전투하는데 필요한 탄약과 보급품 같은 것이다. 이 두 가지는 군인의 생명과 직결된다. 나는 이 문제를 놓고 주님 앞에 장고의 기도를 드렸다.

그래도 선교 현장에 남아 있을 것인가? 아니면 목회를 통하여 선교를 동력화할 것인가?

'선교 지향적 교회 Missional Church로의 변화' 이것이 하나님께서 주신 응답이었다. 기도하면 할수록 그리스도께서 승천하시기 전 유언으로 당부하신 복음의 완성을 위해서는 앞으로 모든 교회는 선교 지향적 교회가 되어야 한다는 확신이 들었다. 그리고 성경 말씀을 읽으며 말씀으로 확증하여 주시기를 기도했다. 하나님은 약속의 말씀으로 확증해 주셨고, 선교지인 필리핀을 떠나게 되었다. 작별인사를 나누던 날 석별의 눈물을 흘리던 성도들에게 나는 다시 돌아오겠다고 약속했다.

나는 그때의 그 약속을 지켰다. 미국에서 영주권을 받자마자 필리핀으로 달려가 집회와 세미나를 인도했다. 그리고 거의 매년 이 일을 계속해오고 있다. 나는 주님께서 마음에 새겨 주신 사명을 잊지 않으려고 노력한다. 필리핀을 떠나 정착한 미국에서도, 다시 한국에 돌아와 목회를 하고 있는 지금도, 필리핀의 전통의상인 '바롱'

을 즐겨 입는 까닭이다.

그리고 아내와 함께, 해마다 최고기온을 경신하는 한여름, 불타는 태양 아래에서 한 달 혹은 두 달 동안 '불볕 전도'하는 것을 즐긴다. 선교사 시절을 잊지 않겠다는 초심 때문이다. 올해 8월에도 아홉 번째 불볕 전도를 마쳤다. 나는 이 도시가 예수 그리스도로 가득 채워지는 것을 미리 바라보고 그날을 위해서 오늘도 부지런히 노방 전도 현장으로 나간다.

| 다섯번째 이야기

주는 이 나라의 주(God of this Country)

"이 고속도로가 탱크가 지나다니는 군사 도로가 아닌, 복음을 실어 나르는 복음의 통로 되게 하옵소서!"

2006년, 2009년, 2013년 총 3차에 걸쳐 핵실험을 한 북한이 2016년에는 1월 4차 핵실험에 이어 9월에 5차 핵실험을 감행하였다. 그리고 2016년에만 16번의 미사일을 발사하였으며 2017년에 들어서도 매달 미사일을 발사하는 등 한반도는 전쟁에 대한 긴장감이 최고조에 달했다. 온 교회는 새벽마다 하나님께 간절한 기도를 올려드렸다.

"주여! 군사분계선을 향하여 줄지어 가고 있는 탱크들을 보시옵소서! 전쟁이 임박했다는 소문이 들려오고 있습니다. 남북한의 좌우를 분별하지 못하고 있는 8천만 명의 백성들을 긍휼히 여기사 속히 복음 통일을 이루시고, 복음을 들고 전 세계로 나가 있는 선교사들을 물질과 기도로 후원할 수 있도록 대한민국 교회를 지켜 주옵소서!"

제3차 순회 전도 여행 기간이 되었다. 한반도 전체가 예수 그리스도 십자가 복음으로 가득 채워지기를 열망하면서 대한민국 전체를 순회하기로 하였다. 인천을 시작으로, 서해안 도로를 따라 전라남도 해남 땅끝마을까지 내려갔다. 그리고 부산, 포항, 삼척을 지나 동해안 7번국도를 타고 강원도 고성 통일전망대까지 이르는 일정이었다.

호랑이 등줄기 같은 동해안 7번 국도를 따라 올라가는데 계속해서 눈물이 났다. 하나님께서 주신 삼천리 반도 금수강산 대한민국이 참으로 아름다웠다. 가장 가난했던 나라 조선에 찾아와 자신의 젊음을 이 땅과 맞바꾼 수많은 선교사와 6.25 전쟁 당시 유엔 참전병사들 그리고 조국을 지키기 위해, 복음을 지키기 위해 초개(草芥)와 같이 자신의 생명을 바친 우리의 선조들, 오늘 우리가 이토록 잘사는 대한민국에서 마음껏 예배를 드릴 수 있는 것은 이들의 숭고한 희생과 하나님의 은혜가 아니겠는가? 나의 기억 속에 우리가 끼니 걱정하지 않고 살 수 있게 된 게 40여 년 전 정도다.

그런데 지금 대한민국의 풍요로운 삶을, 우리의 자녀들에게 자랑스러운 유산으로 물려줄 수 있을지 장담할 수 없게 되었다. 그에 더하여 교회는 점점 복음의 능력과 영적인 야성을 잃어가고 있다. 외교적으로는 한반도를 둘러싸고 있는 열강들의 위협과 특히 북한의 핵을 앞세운 전쟁의 위협은 날마다 고조되고 있다. 자라나고 있는 젊은 세대에게 미안했고, 북한에서 고통 중에 신음하고 있는 동포들에게 미안했다. 그리고 무엇보다 하나님께 죄송했다.

"주님, 이 고속도로가 탱크가 지나가는 군사 도로가 아닌, 복음을 실어 나르는 복음의 통로가 되게 하옵소서!"

해남 땅끝마을에서 메줏덩어리만 한 돌멩이 하나를 주워 왔다. 통일전망대에서도 비슷한 크기의 돌멩이 하나를 주워 왔다. 그리고 교회 안에 두 개의 돌멩이를 나란히 놓아두고 그 밑에 이런 글귀를 적어두고 사랑하는 성도들과 기도하기 시작했다.

「복음 통일」

인자야, 너는 막대기 하나를 가져다가 그 위에
유다와 그 짝 이스라엘 자손이라 쓰고
또 다른 막대기 하나를 가지고 그 위에
에브라임의 막대기 곧 요셉과 그 짝 이스라엘 온 족속이라 쓰고
그 막대기들을 서로 합하여 하나가 되게 하라
네 손에서 둘이 하나가 되리라
(에스겔 37:16~17)

매년 8월 한 달간 예정되어 있던 여름 불볕 전도를 2017년에는 7, 8월 두 달간 진행하기로 했다. 전쟁의 소문이 무성한 송도 땅을, 인천의 도성을 그리고 대한민국을 하나님께 올려드리기 위해서였다. 3차 순회전도 여행 기간은 8월 7일~10일이었기 때문에 여행에서 돌아온 다음 날부터 다시 불볕 전도를 시작했다. 2017년 8월 15일 광복 72주년 기념일이 되었다. 이날은 더욱 애국하는 심정으로 송도 땅을 걸어 다니면서 기도하기로 했다.

그런데 새벽부터 장대비가 쏟아졌다. 자동차를 타고 돌면서 기도할까 생각도 했지만 나는 우비를 챙겨 입고 거리로 나섰다. 내가 사는 아파트 앞 단지에 두 달 전 등록한 성도의 집을 시작으로 동선(動線)을 따라 지나가게 되는 성도들의 집을 축복하며 기도했다.

"아버지, 이곳에 우리 성도들이 살고 있습니다. 이 가정을 기억하시고 속히 인가귀도(人家歸道)의 역사가 일어나게 하옵소서! 이 가정이 주 안에서 하나 되어 하나님 앞에 귀하게 쓰임 받게 하옵소서."

얼마나 지났을까? 비에 젖은 신발에 쓸려 양쪽 발뒤꿈치에 상처가 났다. 큰 상처는 아니었지만 더 이상 신발을 신고 걸을 수 없게 되었다. 돌아가자니 너무 멀리 왔고 그냥 가자니 갈 길이 멀었다. 신발을 벗어들었다. 그리고 맨발로 무작정 걸었다. 한참을 걷고 있을 때 성경의 한 구절이 떠올랐다.

여호와의 군대 대장이 여호수아에게 이르되
네 발에서 신을 벗으라.
네가 선 곳은 거룩하니라 하니
여호수아가 그대로 행하니라
(여호수아 5:15)

나는 신발을 벗어들고 송도 끝 방파제 길을 걸으며 하염없는 눈물을 쏟아냈다. 간혹 우산을 쓰고 지나가는 사람들 사이를 맨발인 채로 우비만 입고 쏟아지는 빗속을 걸었다. 내가 나를 봐도 광인(狂人) 같았다. 그러나 다른 사람의 눈을 의식할 여유조차 없었다. 송도 구석구석을 거쳐 도시 전체를 돌았다. 다시 한번 하나님의 말씀이 떠올랐다.

그 때에 여호와께서
아모스의 아들 이사야에게 말씀하여 이르시되
갈지어다. 네 허리에서 베를 끄르고
네 발에서 신을 벗을지니라. 하시매
그가 그대로 하여 벗은 몸과 벗은 발로 다니니라.
(이사야 20:2)

머리 위로 쏟아지는 빗물이 우비의 모자를 타고 내려오다가 얼굴을 타고 주르르 흘러내렸다. 흐르던 빗물은 내 눈물과 섞여 땅으로 떨어졌다. 빗물은 마치 이 땅을 향한 애타는 하나님 아버지의 눈물 같았다. 그리고 이 땅을 깨끗하게 씻어내는 예수 그리스도의 보혈과도 같았다. 또한, 이 땅에 부어 주실 성령의 단비와도 같았다. 나는 '주는 이 도시의 주_God of This City' 가사를 곱씹으며 세 시간 반을 걸었다. 그리고 이렇게 선포했다.

"주님, 당신은 이 도시의 주인이십니다. 그리고 주님은 이 백성의 왕이시며 이 나라의 주인이십니다. 어둠 속의 빛이시며, 절망 가운데 소망이시며, 참된 평화 되시는 주님께서 이 땅에 행하실 위대한 일을 기대합니다. 저는 그날을 기다립니다."

| 여섯번째 이야기

좋은 땅에 떨어진 작은 씨앗 한 알

더러는 좋은 땅에 떨어지매 자라 무성하여 결실하였으니
삼십 배나 육십 배나 백 배가 되었느니라 하시고
(마가복음 4:8)

†

똑똑.

교회 목양실 문을 두드리는 노크 소리가 들리더니 대답도 하기 전에 문이 활짝 열렸다. 그리고 얼굴이 낯설지 않은 서남아시아계 중년 남자가 달려와 와락 안겼다. 20여 년의 세월이 흘렀지만, 누구인지 금세 알아볼 수 있었다. 재회의 순간의 놀라움과 반가운 감동을 어떻게 표현해야 할지.

이 사람은 다름 아닌 30여 년 전 인천 남동공단에 일하러 왔다가 복음을 듣고 예수님을 믿게 된 외국인 근로자 중 한 사람, 네팔 청년 비살 수바가 중년이 되어 한국을 다시 찾아온 것이다. 당시 비살은 인천을 떠나 서울로 일자리를 옮겨 가게 되었고 얼마 후 나도 필리핀 선교사로 떠났다. 당시 인터넷도 없던 때라 둘의 소식은 완전히 끊어지고 말았다.

"목사님 그동안 잘 계셨어요? 얼마나 많이 찾았는지 몰라요. 제가 한국에 올 때마다 찾았는데 필리핀 선교사로 떠나셨다는 소식 외에 연락처를 알 수 없었어요. 이번에도 한국에 방문차 왔다가 혹시나 하는 마음에 다시 찾았는데 한국에 돌아와 인천 송도에 교회를 개척하셨다는 소식을 듣고 바로 달려왔어요."

"아, 그랬구나!"

나 역시 반가움에 잠시 말문이 막히고 말았다. 한국에 올 때마다 나를 그렇게 애타게 찾았다니 너무나 고맙고 반가웠다. 반가운 인사를 나눈 뒤, 궁금한 것이 있어 조심스레 물었다.

"아직도 예수님은 믿고 있는가?"

몇 초의 적막이 흘렀다. 그리고 비살 수바가 머리를 만지며 수줍은 대답을 했다.

"목사님, 제가…… 네팔에서 목사가 됐습니다."

이 말을 들은 나는 순간 충격을 받았다. 목사가 되었다고? 네팔에서 대학까지 마친 고학력자가, 가난을 벗어나 잘살아보겠다고 한국에 노동자로 와서 돈을 벌던 네팔 청년이? 목사가 되었다니…….

그런데 이어지는 말은 나를 더 놀라게 했다.

"목사님께 복음을 듣고 난 이후 인생의 가치관이 바뀌었습니다. 나에게 돈을 많이 벌어 잘사는 것은 더 이상 의미가 없다고 생각했습니다. 그래서 신학교 졸업 후 목사가 되었고 한국에서 젊음을 바쳐 번 돈으로 네팔의 수도 카트만두에 4층짜리 건물을 올려 교회당으로 사용하고 있습니다."

대부분의 제3세계국가의 현지인 교회가 그렇듯 네팔 역시 가정교회처럼 작은 교회들이 많고 신학을 제대로 공부하지 못한 목사들이 많았다. 그런데 비살 수바 목사는 당시 37개의 교회를 개척하고 1,300여 명이 넘는 성도와 37명의 목회자를 순회하며 섬기고 있었다. 지금은 그 교회가 자꾸 늘어나 현재 45개의 교회를 개척하여 순회 사역을 하고 있다.

한참 대화를 나눈 후, 뜸을 들이더니 이렇게 말한다.

"목사님, 부탁이 있습니다. 꼭 들어주셨으면 좋겠습니다."

"어, 뭐예요? 말해 보세요"

"네팔에 와서 집회를 해주셨으면 합니다."

나는 흐르는 눈물을 멈출 수가 없었다. 20년 만에 나를 찾아온 비살 수바 때문도 아니요, 비살 수바가 목사가 되었기 때문도 아니요, 30년 만에 만난 나에게 집회를 부탁해서도 아니었다.

네팔의 양 떼를 사랑하시는 예수 그리스도의 애타는 마음을 비살 수바 목사의 눈빛에서 보았기 때문이다. 청년 시절 자신이 들었던 그 복음! 자신의 인생을 송두리째 바꿔 놓은 십자가 복음을 자신이 섬기고 있는 양 떼들에게도 들려주고 싶은 간절함으로 나를 찾아온 것이다. 그렇게 2017년부터, 사랑하는 네팔의 현지인 제자를 통해 네팔선교가 시작되었다.

네팔의 수도 카트만두 트리부반 공항(Tribhuvan International airport)에 도착하자 비살 수바 목사와 그의 아내가 마중 나왔다. 벌써 세 번째 방문이다. 이번에는 네팔 힌두교 명절 '다사인(Dashin)' 기간에 맞춰 열리는 '네팔 목회자, 청년 지도자 세미나'를 인도하기 위해서 방문했다. 이튿날 아침 일찍 비살 수바 목사가 방문을 두드렸다.

"목사님! 집회 시작 전에 들리실 곳이 있습니다."

나는 부랴부랴 준비하고 비살 수바 목사를 따라나섰다.

"도착했습니다."

비살 수바 목사가 나를 데려간 곳은 작은 경비행장이었다. 그러고는 표 한 장을 내밀었다.

"목사님, 경비행기를 타고 히말라야산맥 여행을 하십시오."
"비살 목사님은 같이 안 타요?"
"네, 저는 전에 타본 적이 있고 표가 비싸서 한 장만 끊었습니다."

이날은 다사인(Dashin)이 시작된 지 9일째 되는 날로 모든 제의식이 최고조에 달하며, 하누만 도카 궁전의 탈레주 사원이 1년에 딱 하루 일반에 공개되는 날이었다. 새벽부터 해가 질 때까지 수천 명이 사원에 방문하여 탈레주 여신에게 제사하는 이날, 본격적인 집회를 시작하기 전에 국내선 경비행기로 카트만두와 히말라야산맥, 에베레스트산, 네팔과 인접국인 인도와 중국 경계선을 아우르며 1시간에 걸친 항공 중보기도를 드렸다. 나는 비행기에 앉자마자 이사야 45장을 펴 읽었다.

나 외에 다른 신이 없나니
나는 공의를 행하며 구원을 베푸는 하나님이라
나 외에 다른 이가 없느니라.
땅의 모든 끝이여 내게로 돌이켜 구원을 받으라.
나는 하나님이라 다른 이가 없느니라.
(이사야 45:20~22)

마음에 법궤를 모신 하나님의 종이 공중에서 공중 권세 잡은 어둠의 영을 결박했다. 그리고 하늘에서 벌어진 영적 전쟁에서 이미 승리하였음을 예수 그리스도의 이름으로 선포했다.

예수께서 이르시되 사탄이
하늘로부터 번개같이 떨어지는 것을 내가 보았노라.
(누가복음 10:18)

집회가 시작되었다. 네팔 힌두교 축제인 다사인(Dashain)은 네팔 인구의 87%를 차지하는 힌두교인들의 가장 큰 축제이자 네팔의 가장 큰 명절이다. 이 기간에 네팔 전역의 힌두교 사원에서는 버팔로, 염소, 오리 등을 제물로 바치는 우상숭배가 이루어진다.

그러나 300명이 훌쩍 넘는 네팔의 목회자와 평신도 리더들은 우상숭배가 이루어지는 힌두교 사원과 부모님이 기다리시는 자기의 고향 집이 아닌, 카트만두 복음교회(Nepal Katmandu gospel church)로 모여들었다. 함께 모여 말씀을 배우고, 찬양과 기도로 예배를 올려 드렸다.

이들 대부분이 대중교통을 이용하여 3~4일을 꼬박 달려왔다. 그리고 오는 중간에 갈아타야 하는 교통수단의 표를 구하지 못해 미처 도착하지 못한 사람들도 있었다. 거의 비포장도로를 따라 이동하다 보니 얼마나 피곤했겠는가? 그러나 예배를 드리는 그들의 모습에서 지친 모습은 전혀 찾아볼 수 없었다. 그들의 눈은 감격의 눈물로 촉촉했고, 그들의 얼굴은 기쁨으로 가득했다.

우리 주위에는 건축자들의 버린 돌멩이처럼 예수님의 이름을 버리는 사람들이 많이 있다. 길에서 복음을 전하다 보면 수많은 사람들이 멸시와 조롱의 눈으로 바라본다. 교회 안의 사정도 크게 다르지 않다. 형식적인 예배와 무성의한 반응들, 설교를 듣는 시간에 졸린 눈을 간신히 뜨고 설교 시간이 빨리 지나가기만을 바라는 성도들도 있다.

그러나 여기, 네팔의 성도들은 그 복음을 듣기 위해 3~4일씩 비포장도로를 달려온 사람들이다. 그리고 힌두교 역시 개종을 위해서는 이슬람과 비슷한 각오가 있어야 한다. 그들은 자신의 생명을 내어놓고 복음을 가슴에 새긴다. 가족과 이웃들로부터 버림을 받고 직장과 학교에서 쫓겨나도 기쁨과 감격으로 자신이 선택한 십자가의 길을 달려간다. 그들이 삶을 걸고 올려 드리는 예배는 천상의 예배와도 같았다.

외주 노동자로 한국에 방문한 네팔 청년의 가슴에 떨어진 복음의 씨앗이 힌두교 국가 네팔 전역에서 백 배가 넘는 결실로 나타난 것처럼 우리가 뿌린 복음의 씨앗 한 알이 어딘가 좋은 땅에 떨어져 우리도 모르는 사이 지금도 자라고 있음을 나는 믿는다.

전도와 선교! 송도주예수교회에게 주신 이 사명을 멈출 수 없는 이유이다.

| 일곱번째 이야기

만우절의 기적

4월 1일 30억 원이 넘는 건물의 소유권을 단 2억 3천만 원에 넘겨 주셨다. 그런데 소유권이 이전되고 세 번째 성전으로 옮기기 전까지 4년간 약 2억 원의 월세가 절약되었다. 그냥 주신 것이다.

하나님께서는 개척 2년 만에 송도의 명소인 센트럴파크가 앞마당처럼 펼쳐져 있고, 뒷마당에는 잔디와 놀이터, 분수가 있어 교회학교 아이들이 마음껏 뛰어놀며 예배드릴 수 있는 아름다운 교회로 옮겨 주셨다.

두 번째 성전으로 옮긴 후 하나님께서 새로운 성도들을 보내주셨고 우리의 복음의 지경도 넓혀주셨다. 그러나 선교사 출신이었던 나는 성전에 들어가는 월세 1,260만 원과 고정비 때문에 마음이 늘 무거웠다. '이 돈이 선교지로 흘러가면 얼마나 많은 일을 할 수 있을까?' 하는 안타까운 마음이 있었기 때문이다. 2018년 12월 교회를 옮긴지 2년이 다 되어갈 때쯤 새벽기도 시간에 이 문제를 놓고 하나님께 진지하게 기도하기 시작했다.

"주님 이곳에서 한 달 월세만 1,260만 원입니다. 선교지에서 이 돈이면 교회를 건축할 수 있고 선교사들을 지원하여 많은 일을 할 수 있는 돈인데 이대로 계속 비싼 월세를 내면서 있는 것이 맞는지 모르겠습니다."

새벽기도 후 목양실에서 업무 중일 때, 전화벨 소리가 울렸다. 건물주인 권사님이었다.

"목사님! 이른 아침부터 죄송합니다. 저희가 사정이 생겨서 교회 건물을 내놓았습니다. 아직 임대 기간은 많이 남아 있지만 새로 건물을 구매하시는 분께서 계속 임대를 유지하실지 몰라 연락드립니다. 그렇게 되면 교회를 옮기셔야 할 수도 있습니다."

"권사님! 혹시…… 교회가 팔렸나요?"

"아니요. 아직 매수 의사가 있는 분은 없습니다."

"그럼…… 권사님! 이 건물 우리 교회가 사도 되나요?"

나도 모르게 그렇게 말해버렸다. 그리고 나는 내가 하는 말을 듣고 깜짝 놀랐다.

'지금 내가 무슨 말을 한 거지?'

월세나 한 달 필요경비가 모자란 적은 없었지만 남지도 않았다. 한 달, 한 달 하나님의 은혜로 이제껏 지내왔다. 성도들의 형편은 뻔했다. 다른 교회 성도들에 비해 비전을 향한 열심이 있고 헌신도가 높아 적은 숫자로도 이렇게 유지할 수 있었다.

나는 하나님의 뜻이 무엇인지 알기 원했다. 마침 새벽기도가 끝나고 송구영신 예배 준비를 위한 기도원 일정이 잡혀 있었다. 나는 바로 성경책과 노트북, 식사 시간을 절약하기 위한 간편식을 챙겨 기도원으로 올라갔다.

예약해 두었던 방에 짐을 풀자마자 노트를 꺼내 펴 읽었다. 송구영신 예배를 위해 기도할 때마다 주신 말씀과 비전을 기록한 노트였다. 2016년 12월 송구영신 예배를 위해 준비할 때 2017년은 [새 시대! 새 성전! 새 일꾼!]이라는 감동을 주시더니 2017년 4월 진짜 새로운 성전으로 옮겨 주셨다. 그리고 2017년 12월에는 2018년은 [Once again 새 시대! 새 성전! 새 일꾼!]이라는 감동을 주셨다. 나는 이 감동을 받고 이렇게 생각했었다.

'아! 새 성전을 허락해 주셨는데 아직 나를 비롯한 우리 성도들이 새 시대에 맞는 새 일꾼이 되려면 좀 더 노력해야 하는구나!'

그래서 성도들에게 우리는 잇사갈 지파의 300 두령과 같이 시대를 분별하는 능력이 필요하며, 예수 그리스도의 다시 오심이 임박한 때에 맞는, 새 일꾼이 되기 위해 변화해야 한다는 설교와 훈련을 많이 했다. 그런데 2018년이 끝나갈 즈음이 되어서야 하나님께서 하시고자 하는 일이 무엇인지 깨닫게 되었다. 지금 월세로 살고 있는 이 교회의 소유권을 우리에게 넘겨주시겠다는 의미셨다.

나는 재정부장에게 전화를 걸어 우리가 교회 건물을 구입할 경우의 필요비용과 예상되는 한 달 이자가 얼마인지 알아봐달라고 부탁했다. 조금 있다가 재정부장에게 연락이 왔다. 우리가 월세 1,260만 원을 지출하고 있는데 만약 구입 한다면 40%의 비용을 절감할 수 있다는 답변이었다. 할렐루야!

성전 구입에 대해 느헤미야 말씀으로 확증을 주시고, 2019년 [내 인생 최고의 전성기를 누려라!]라는 표어를 주셨다. 목사의 전성기는 전도, 성경, 기도를 쉬지 않고 하는 것이라는 것을 깨닫게 하신 후에 송도주예수교회를 주시더니, 이제 성도들 각 개인도 전성기의 삶을 살아내는 전성기 교회로의 변화를 요청하신 것이다.

송구영신 예배 시간에 성전 구입을 선포했다. 그리고 바로 2019년 1월 1일부터 2월 9일까지 전교인 40일 연속 금식기도와 새벽과 저녁 예배를 올려드리는 느헤미야 프로젝트를 진행했다. 산 기도를 할 때 바위 옆에 쳤던 텐트를 다시 꺼내 강대상 옆에 쳤다. 그리고 21일 철야기도에 들어갔다. 우리 성도들의 형편을 보고 계산을 한다면 전혀 가능성이 없지만, 지금껏 나를 인도하신 말씀, 오직 말씀만이 해답이었다. 말씀이 그렇다면 그런 것이다.

40대 때, 40일간 금식기도를 하면서 치아가 많이 망가졌다. 그때는 미국에 있던 터라 비용 관계로 제대로 치료받지 못했다. 마침 21일 철야기도 기간에 치과 치료가 예약되어 있었다. 몇 개의 치아를 발치하고 그 부위를 봉합했는데 매일 밤마다 부르짖어 기도하고 새벽마다 말씀을 전하다 보니 봉합 부위가 세 번이나 터졌다. 이 사실을 알 리 없는 담당 의사는 병원에 갈 때마다 고개를 갸우뚱거리며 특이한 사례라고 했다. 그리고 절대 말하는 것을 자제하라고 당부했다.

의사의 당부에도 나는 기도를 멈출 수 없었다. 저녁 집회가 끝나고 성도들이 모두 집으로 돌아가면 예배당의 난방을 껐다. 기도할 수 있는 시간과 양은 정해져 있기에 그냥 하나님 앞에서 몸으로라도 이 간절한 마음을 전해드리고 싶었다. 하나님의 마음을 감동시켜 드리고 싶었다. 치과 치료를 받아보신 분들은 알겠지만 치료받은 날은 오한이 상당히 심하다. 1월의 매서운 추위 속에 오들오들 떨며 밤새워 신음하듯 기도했다.

"아버지, 이 성전을 허락하옵소서! 하나님께서 교회에게 주신 그 사명 감당하게 하옵소서!"

성전 보증금이 1억 원이 있었고 성전을 담보로 최대한 대출 받을 수 있는 금액은 16억 6천만 원이었다. 그런데 그 당시 시세는 30억 원이 훌쩍 넘는 금액이었다. 성전을 구입하기 위해서는 최소한 12억 원 정도의 건축헌금이 필요했다. 그러나 느헤미야 프로젝트 기간 성도들이 옥합을 깨고 최선을 다해 헌신한 금액은 1억 5천만 원이 약간 넘는 금액뿐이었다.

나의 아내가 건물주인 권사님께 전화를 걸었다. 그리고 하나님께서 우리를 어떻게 인도하셨는지, 송도주예수교회를 통해서 어떤 일들을 하시기 원하시는지를 말씀드렸다. 통화를 하고 얼마 후 느헤미야 프로젝트가 끝나갈 즈음 건물 금액이 변경되었다. 분양가와 비슷한 금액인 23억 원에 매매를 하시겠다는 것이 아닌가? 그러고는 이렇게 말씀하신다.

"차액은 제가 하나님께 건축헌금 드린 것으로 생각하겠습니다."

그런데 이 놀라운 기적은 시작에 불과했다. 성도들이 헌신한 1억 3천만 원과 보증금 1억 원을 더해 총 2억 3천만 원으로 계약금이 마련되었다. 이제 대출 가능 금액을 제외한 4억 원의 건물 구입 비용이 필요했다. 그런데 잔금 일정이 다 되도록 헌금액은 거의 늘어나지 않았다. 권사님께 잔금 일정을 조금 미룰 수 있는지 조심스럽게 말씀드렸다. 그런데 생각을 하시더니 차액 4억 원에 대해서는 은행이자만 지불하고 3년간 유예를 해주겠다고 하시는 것이 아닌가? 그러고는 이렇게 말씀하신다.

"하나님께서 송도주예수교회를 빨리 부흥하게 하셔서 3년 후에는 약속을 지킬 수 있게 해 달라고 기도할게요."

하나님께서는 고레스 왕과 같은 권사님 부부를 통하여 두 번째 성전의 소유권을 우리에게 넘겨주셨다. 그날은 2019년 4월 1일 만우절이었다. 만우절에 거짓말 같은 기적이 일어난 것이다. 권사님의 부군께서는 지방 대학교의 교수님이시다. 송도에 집이 한 채 있는데 정년퇴직 하시면 송도에 오셔서 살 계획이라고 한다. 그리고 송도에 오시면 우리 교회에 출석하시겠다는 약속도 하셨다. 그 후 권사님 부부는 교회 행사가 있을 때 수건 등 기념품을 보내주셨고, 3년 동안 잘 참고 기다려 주셨다. 그리고 하나님께서는 그 약속을 지킬 수 있도록 인도해주셨다.

만약 두 번째 성전이 우리 소유가 아니었더라면 세 번째 성전이 매물로 나왔다는 소식을 들었더라도 꿈도 못 꾸었을 것이다. 하나님께서는 고레스를 보내주셨다. 그리고 고레스로 하여금 그 중요한 두 번째 성전의 소유권을 단 2억 3천만 원에 넘겨받도록 인도하셨다.

소유권이 이전되고 세 번째 성전으로 옮기기 전까지 4년간 약 2억 원의 월세가 절약되었다. 교회 건물을 거저 주신 것이다. 하나님께서 고레스에게 주신 모든 축복을 권사님 가정에 부어 주시길 기도한다. 그리고 교회에 선을 베푸신 그 가정에 그렇게 하실 것이라 나는 믿는다.

고레스에 대하여는 이르기를
내 목자라 그가 나의 모든 기쁨을 성취하리라 하며
예루살렘에 대하여는 이르기를 중건되리라 하며
성전에 대하여는 네 기초가 놓여지리라 하는 자니라.
(이사야 44:28)

| 여덟번째 이야기

만물이 깨어나기 전

비파야, 수금아, 깰지어다 내가 새벽을 깨우리로다.

(시편 108:2)

✝

"하나님 우리가 무엇이기에 연약한 우리를 하나님의 거룩하신 역사에 사용하여 주시나이까?"

2017년 엘림 목회자 세미나 참석과 한국교회를 탐방하기 위해, 한국을 방문한 브라질 현지인 목회자들이 우리 교회를 방문하게 되었다. 그리고 새벽 기도회부터 금요기도회까지 우리와 함께 예배했다. 새벽기도회가 없는 브라질교회 목회자들은, 이것저것 많은 질문을 하였다. 나는 만물이 깨어나기 전 하나님께 기도하는 일이 얼마나 중요한 일인지 설명했다.

특히, 하루의 일과를 시작하기 전 새벽에 그날의 모든 일을 하나님께 맡기는 새벽기도와 새롭게 시작되는 한 달의 일정을 시작하기 전

그달에 있을 모든 일에 하나님의 도우심을 구하는 첫 주간의 특별 새벽기도가 성도들의 삶에 어떤 의미와 영향력이 있는지 설명했다. 목회자 대부분이 경청하는 태도가 인상적이었다.

한국에서의 모든 일정을 마치고 브라질로 돌아간 목회자들로부터 엘림월드미션을 통해 부흥회 요청이 왔다. 마침 오랜 친구이자 동역 선교사인 파라과이 이희수 선교사가 주관하는 [파라과이 청년 지도자 세미나]에 집회 요청이 있던 터라 3주간의 일정으로 브라질과 파라과이 선교 집회 인도를 위해 출국했다.

세계에서 가장 큰 가톨릭 국가로, 기독교 인구 30%를 합하면 예수 그리스도를 구세주라고 고백하는 사람들이 80%가 넘는 브라질, 세계에서 가장 큰 예수상이 있고 세계적으로 유명한 사순절 축제 카니발이 열리는 브라질, 그러나 전 세계 국가별 도시별 삶을 비교하는 넘베오(NUMBEO) 자료에 따르면 2020년 기준 브라질 범죄지수는 68.31로 베네수엘라, 파푸아뉴기니, 남아프리카, 아프가니스탄 등에 이어 세계에서 7번째로 많은 범죄가 일어나는 국가이다.

브라질로 가는 동안 하나님께서 행하실 일들에 대한 기대도 컸지만, 브라질의 영적 상황을 생각하면 마음 한편이 무거웠다. 나는 긴 비행 여정 동안 브라질 집회와 만남을 위하여 기도했다.

잘 알다시피 광활한 아마존 열대우림은 지구 산소의 20% 이상을 만들어 내고 있다. 그리고 그 아마존 열대우림의 60%가 브라질에 있다. 한 치의 오차도 없이 지구를 디자인하신 하나님, 그 하나님께서 브라질에 지구 전체의 산소를 공급하는 지구의 허파와 같은 역할을 맡기신 것은 우연이 아닐 것이다. 나는 이런 독백을 했다.

"주님! 지금은 브라질의 국민이 예수님의 이름을 부르고 있지만, 아직은 그들의 삶 속에서 복음의 능력이 나타나지 않고 있습니다. 그러나 브라질에서 만들어진 산소가 지구의 많은 사람을 살려내는 것처럼, 브라질로부터 여호와의 생기가 불어와, 온 열방이 살아나는 놀라운 일들이 일어나게 하옵소서! 그 시작이 이번 집회가 되게 하옵소서!"

브라질의 성도들은 삼바의 나라답게 찬양을 드리는 것도, 기도하는 것도 열정적이었다. 예배를 드리는 모습은 나라와 민족마다 다양하지만, 만국 공통의 특징이 몇 가지가 있다. 먼저 하나님의 은혜가 임하면 무릎을 꿇는다. 그리고 회개와 감사의 눈물이 흐른다. 그리고 하나님의 임재 앞에 엎드린다. 그리고 큰소리로 찬양을 부르거나 기도한다. 집회 시간마다 이 같은 하나님의 은혜가 폭포수와 같이 부어졌다.

살아있는 침례교회(Igreja Batista Vida)에서 집회를 마친 후 루시아노(Luciano) 담임목사가 놀라운 간증을 했다. 한국 방문 당시 우리 교회에서 진행된 연합 새벽기도에서 많은 도전을 받고 브라질에 돌아오자마자 새벽기도를 시작했다고 한다. 첫 번째 기도 제목은 교회 건축을 위한 문제였다. 성도들이 계속 늘어 교회가 좁아지자 새로 땅을 구입하여 한창 교회 건축을 하고 있을 때 시로부터 공문을 받았다고 한다. 내용은 교회에 땅을 판 전 주인이 땅을 팔기 전, 시에 기증했기 때문에 교회 건축을 멈추어야 하며, 그 땅은 시에 귀속된다는 내용이었다.

그런데 이번 집회 시작 첫날, 시로부터 건축허가가 승인되었고 땅의 기증 절차는 종결 처리한다는 결정 통지문을 받았다고 한다. 루시아노 목사는 새벽 시간에 드리는 기도가 얼마나 큰 능력인지를 경험했으며, 새벽마다 기도를 통해 부어 주시는 은혜가 너무 커서 계속해서 새벽기도를 드리겠다고 했다. 할렐루야!

브라질 전역에 새벽을 깨우는 교회들과 주님의 백성들이 일어나기를 기도한다. 그리고 그들의 삶이 그들의 고백처럼 예수 그리스도를 닮아가기를 기도한다. 이 놀라운 일에 송도주예수교회를 사용해주신 하나님께 감사의 고백을 올려 드린다.

"하나님 우리가 무엇이기에 연약한 우리를 하나님의 거룩하신 역사에 사용하여 주시나이까?"

제3장 예행연습

| 첫번째 이야기

공항 셧다운

†

2020년 필리핀으로 해외선교를 다녀온 다음 대한민국 공항도, 필리핀 공항도 문을 닫았다.

2019년 12월 중순 중국 후베이성 우한시에서 원인을 알 수 없는 폐렴이 발생했다는 소식이 뉴스 기사를 도배하기 시작했다. 우리 교회는 매년 떠나는 해외 단기 선교 집회가 2월 16일부터 22일까지 예정되어 있었다. 비행기 예약과 집회 세부 일정 등에 대한 준비가 완료된 상태였기 때문에 예의주시하며 추이를 지켜볼 수밖에 없었다.

단기 선교 집회를 떠나기 4일 전인 2020년 2월 12일, 원인불명의 폐렴을 세계보건기구에서 COVID-19[6]로 공식 명명하면서 전 세계의 이목이 새로운 전염병의 진행 양상에 집중되었다. 다행히도 해

6) Corona-virus disease-2019

외선교를 떠나는 날까지 한국의 발생자 숫자는 29인이었고 지역도 국소적이었다. 보건당국은 감염병 위기 경보를 '경계' 단계로 유지했고 해외 출입국도 제한사항이 없었다. 우리 교회는 선교 지원자 중 건강이 취약한 노약자를 제외하고 성도 22명이 예정되어 있던 선교를 떠났다.

필리핀도 그때까지는 COVID-19에 대해 특별히 경계하지 않았기 때문에 예정되어 있던 모든 일정을 마칠 수 있었다. 하나님께서는 필리핀 선교 집회 때마다 늘 넘치는 은혜를 부어 주신다.

이번에도 현지인 목회자들과 성도들이 많은 은혜를 받고 눈물을 흘렸다. 예배 후 기쁨의 환희에 찬 그들의 미소는 볼 때마다 아름답다. 늘 그렇듯 선교 대상인 현지인보다 단기 선교에 참여한 우리 성도들이 더 많은 은혜를 받았다. 사실 우리가 준 것보다는 우리가 받은 것이 항상 더 많다.

우리보다는 다소 열악한 환경과 경제 상황 그리고 사람을 무기력하게 만드는 무더위, 그러나 우리보다 더 뜨겁게 예수님을 사랑하며 교회를 섬기고 예배하는 모습에 늘 도전받는다. 그런데 이번 선교 중에는 하나님께서 특별한 선물 하나를 더 주셨다.

예배드릴 장소가 없어, 노방에서 예배를 드리고 있는 필리핀 딸림섬(Talim island) 에 위치한 끼나가딴(KINAGATAN) 감리교회를 위해, 우리 교회가 교회 건물을 건축하여 봉헌할 기회를 주신 것이다. 하나님께서 이번 선교에 베풀어 주신 놀라운 은혜를 가슴에 품고 6일간의 선교 일정을 마치고 한국에 돌아왔다.

그런데 한국의 코로나 대응 상황이 선교를 떠난 6일 전과는 완전히 달라져 있었다. 예정되어 있던 선교 일정을 무사히 마칠 수 있도록 감사드린 것도 잠시, 한국교회는 한 번도 경험해보지 못했던 COVID-19라는 엄청난 토네이도의 소용돌이 속으로 휩쓸려 들어가고 있었다.

전 세계로부터 방역 우수국가라고 칭찬받던 우리나라도 대구 신천지 건물과 신자들을 중심으로, 코로나 감염자가 폭발적으로 증가하기 시작했다. 선교를 떠나기 전 29명이었던 확진자 숫자는 귀국날인 2월 22일 16시 기준 433명으로 늘어났으며 귀국 다음 날 23일에는 감염병 위기 경보가 최고 수준인 '심각'으로 상향되었다.

급기야 한국의 코로나 발생 숫자가 전 세계 2위까지 올라갔다. 한국의 입국을 금지하거나 제한하는 국가들이 점차 늘어나 3월 6일에는 그 숫자가 100개국 이상으로 늘어났고 공항은 셧다운되었다.

대구를 위로하라!

즐거워하는 자들과 함께 즐거워하고
우는 자들과 함께 울라
(로마서 12:15)

그런데 분위기가 점점 이상한 방향으로 흘러갔다. 코로나를 다룬 기사의 댓글마다 '대구를 격리해라!', '대구와 연결된 도로를 막아야 한다.'라는 등의 댓글이 달리기 시작했다. 마음이 아팠다. 더 마음이 아팠던 것은 감염된 신천지 신자들의 연령대가 20~40대로, 젊은 청년층이 주를 이루고 있다는 것이다.

교회가 참된 복음을 전하고 세상의 빛과 소금의 역할을 충실히 감당했더라면 신천지라는 거대한 이단 종교가 젊은이들의 영혼을 이렇게 쉽게 사냥하지 못했을 것이다. 그렇다면 집단감염도 일어나지 않았을 것이고 대구도 이런 어려움과 혼란에 처하지 않았을 것이라는 생각이 내 머릿속을 떠나지 않았다.

복음을 맡은 목사로서 하나님 아버지께 너무 죄송했다. 가슴이 아팠다. '아! 이들의 영혼을 어떻게 할 것인가? 아버지께서 나에게 이들의 피 값을 찾으신다면 나는 무엇이라 말씀드려야 할까?' 가만히 있을 수가 없었다. 새벽 기도가 끝나고 바로 대구로 향했다.

도착해보니 도시 전체가 깊은 적막에 잠겨 울고 있는 것 같았다. 대구시청 청사 앞 주차장은 한국의 공영 방송사 중계 대형 버스들이 주차된 것 외에 다른 차들은 찾아보기 어려웠다. 시청 현관은 엄격하게 통제된 상태였다. 관계자에게 내가 이곳에 온 이유를 설명했다.

"저는 인천 송도주예수교회 목사입니다. 뉴스 보도를 통해 대구시가 처한 안타까운 소식을 듣고 대구 시민을 축복하기 위하여 달려왔습니다. 잠시 예배를 드려도 되겠습니까?"

경찰들이 나를 지켜보는 가운데 대구시청 현판 앞에 무릎을 꿇고 눈물의 기도를 올려 드렸다.

"아버지! 이 땅을 고쳐 주옵소서! 대구 시장과 의회 그리고 교회와 영적 지도자들, 230만 대구 시민을 구원해주옵소서!"

| 세번째 이야기

매일 드리는 제사를 폐하며

매일 드리는 제사를 폐하며
멸망하게 할 가증한 것을 세울 때부터
천이백구십일을 지낼 것이요
(다니엘 12:11)

코로나가 급격하게 확산하자 정부에서는 2020년 2월 29일부터 2022년 4월 18일까지 21개월간 [사회적 거리두기]라는 지침을 만들어 공표했다. 사람들 간 거리를 두어 더 이상의 전염을 예방하자는 것이었다. 취지는 좋았다. 그러나 [사회적 거리두기] 지침으로 많은 부작용이 생겨났다. 불합리한 부분들도 매우 많았다. 특히 교회에게 더욱 그랬다.

대한의사협회가 2020년 1월 26일 발표한 대정부 권고안에는 중국으로부터의 감염원 차단 관련 권고가 포함되었고 2월에는 중국인 입국을 금지해야 한다는 청와대 국민청원이 76만여 명의 동의를 받고 마감했다. 그러나 중국인 입국 금지에 대한 정부입장을 발표한 박능후 보건복지부 장관은 "외국에서 들어오는 모든 사람을 차단하지 않고 받아들여야 한다."라고 했다. 그 이유를 이렇게 설명했다. "특정 국가, 특정 사람들만 제한하는 것은 감염예방 차원에서 반드시 옳은 것만은 아니다."

그랬던 정부가 교회만 특정하여 지나치게 제한하기 시작했다. 14세기 유럽에서 7천 500만~2억 명의 목숨을 앗아간 인류사상 최악의 전염병인 흑사병(黑死病, Black Death, Pestilence, Great Plague, Plague, Black Plague)이 창궐했을 때, 유대인들이 우물에 독을 탔다거나 흑사병을 퍼트렸다는 등의 소문이 돌았다. 이 소문으로 유대인에 대한 증오와 혐오가 극에 달했으며 그 결과 집단적 광기에 의한 유대인 학살과 인권유린이 일어났다.

정부는 마치 교회가 코로나바이러스의 발원지이고 기독교인들이 코로나바이러스를 사회에 퍼트리는 매개체인 양, 기독교 혐오를 조장하는 듯해 보였다. 정부에서 그런 의도가 없었다고 반박한다 해도, 그 시기의 모든 매스컴과 사회적 분위기, 쏟아지는 정책들은 그렇게 말하고 있었다.

2020년 3월 17일 이재명 경기도지사는 예배를 계속한 교회 137곳을 대상으로 29일까지 [주일 예배 밀접 집회 제한 행정명령]을 발동했다. 그리고 행정명령을 준수하지 않으면 [감염병의 예방 및 관리에 관한 법률 제80조제7호]에 따라 300만 원 이하의 벌금을 부과할 방침이라고 했다.

김희겸 경기도 행정1부지사는 이날 경기도청에서 열린 기자회견에서 행정명령을 발동한 이유를 이렇게 설명했다.

"종교계에 자발적 집회 자제와 감염예방 수칙 준수를 요청했지만, 종교 집회를 통한 감염병이 지속적으로 확산됐다. 도민의 생명과 안전을 보호하기 위해 부득이 미준수 교회에 밀접 집회 제한 행정명령을 발동한다."

비슷한 시기 박원순 서울시장은 발열 확인, 마스크 착용 등 안전한 집회를 위한 자체 지침을 만든 뒤, 이를 준수하지 않을 시 행정명령을 내릴 것이라고 경고했다.

또한, 경기도와 서울시는 종교 집회로 인해 확진자가 발생했을 시 방역 및 치료 비용 구상권을 청구할 수 있다고 경고했다. 그러자 강민석 청와대 대변인은 20일 서면 브리핑을 통해 문재인 대통령의 입장을 다음과 같이 밝혔다.

"종교 집회에 대해 박원순 서울시장과 이재명 경기지사가 취하고 있는 조치를 적극 지지한다. 중앙정부도 지방자치단체에만 맡기지 말고 지자체의 조치를 적극적으로 뒷받침해 주기를 바란다."

이에 정세균 총리는 다음 날인 21일 대국민담화를 통해 집단감염 위험이 큰 종교시설, 체육시설, 유흥시설은 보름 동안 운영을 중단

할 것을 강력히 권고하고, 준수 사항을 지키지 않으면 행정명령을 발동하여 집회를 금지하겠다고 했다.

대한민국의 총리가 교회를 유흥시설과 같은 취급을 한 것이다. 그리고 총리 담화 후 첫 주일인 3월 22일부터 전국의 경찰청은 비상근무에 들어갔고 경찰관과 지자체 공무원들이 교회를 방문하여 권고사항을 준수하고 있는지 점검하기 시작했다. 그리고 3개월이 지난 2020년 7월 8일 중앙재난안전대책본부 회의에 참석한 정세균 총리는 교회에 대해서만 핵심 방역 수칙을 의무화한다고 발표했다.

그리고 7월 10일부터 교회의 정규예배 이외의 각종 모임과 행사, 음식 제공이 금지되고 출입명부 관리도 의무화한다고 발표했다. 그러나 사찰이나 성당 등 기독교 외에 다른 종교시설은 제외되었다. 그리고 예배 시에 찬송가와 통성기도를 지양하라고 했다. 이를 위반하면 3백만 원 이하의 벌금과 집합 금지 조치가 시행될 수 있다고 했다.

갈수록 교회에 대한 탄압이 노골적으로 표출되었다. 중앙사고수습본부는 7월 8일 [코로나19 예방을 위한 교회 방역 강화 조치 안내]라는 문서를 전국 관련 부처와 기관에 하달했다. 이에 교육부는 같은 문서를 전국 교육청으로 보냈고 각 교육청은 산하 어린이집부터 고등학교에 하달하였다.

그리고 이 내용은 [가정통신문]으로 우리의 자녀들과 각 가정에 전달되었다. 이 가정통신문을 받고 부모와 자녀들은 교회에 대해 어떤 생각을 했을까? 코로나 정국을 지나면서 1만여 교회가 문을 닫고 수많은 교인 특히 젊은이들과 청소년 세대가 교회를 떠난 데에는 이 가정통신문 한 장의 영향력도 작지 않았다고 생각한다.

친구와 협력하여 배우고 나눔과 배려를 실천하는 학교

OOO중학교	가정통신문 담당자 : 예술체육부 (김** 000-0000) 인천광역시 00구 00로 00번길 0	[교훈] OO하고 OO하자 http://AAA.icems.kr

코로나19 예방을 위한 교회 방역 강화조치 안내

학부모님, 안녕하십니까?

교육부에서는 중앙사고수습본부와 협의(2020년 7월 8일 기준)하여 교회 내 소규모 모임, 행사에 대한 '교회 방역 강화 방안'을 마련, **대상시설 이용자에게도 방역수칙 준수 의무**가 부과되어 수칙 위반 시 벌금 등이 부과 될 수 있음을 안내드리오니 적극 협조하여 주시기 바랍니다.

1. 대상 및 기간

- 전국 교회, 2020. 7. 10. (18시) ~ 별도 해제 시

2. 주요 내용

구 분	주요 내용(이용자 수칙)
핵심방역 수칙	책임자(종사자)뿐 아니라 이용자도 의무적으로 준수해야 할 핵심 방역수칙 마련
모임 등 금지	정규예배는 정상 진행하되, 그 외 교회 명의의 각종 모임 및 행사(수련회, 기도회, 구역예배, 부흥회, 성경공부, 성가대 등) 금지
위험행동 금지	침방울 배출 위험도가 높은 찬송 자제 및 통성기도 금지, 시설 내 음식 섭취 금지(찬송 시 마스크 필수 착용)
그 외 방역수칙	출입자 명부 작성, 증상확인 협조 및 유증상자 등 출입 금지, 마스크 착용, 좌석 간격 2M(최소 1M) 유지 등

모든 아이는 우리 모두의 아이입니다.

교육부

수신자 수신자참조
(경유)

제목 코로나19 예방을 위한 교회 방역 강화 조치 안내

1. 관련 : 코로나바이러스감염증-19 중앙사고수습본부-17265(2020. 7. 8)

2. 중앙사고수습본부에서 교회내 소규모 모임 등에서 집단감염이 지속 발생에 따라, 교회 시설 전체를 고위험시설로 지정하지는 않되, 소규모 모임 · 행사에 대한 방역 관리를 강화하는 것을 주요 내용으로 하는 '교회 방역 강화 방안'을 마련하여 안내해 온바,

3. 관련 내용을 전달드리니, 코로나바이러스감염증-19 감염의 확산 억제를 위한 준수사항을 지켜 주시기 바라며, 대상시설 이용자에게도 방역수칙 준수 의무가 부과되어, 수칙 위반 시 벌금 등이 부과될 수 있는 점 양지하여 주시기 바랍니다.

- 아 래 -

☐ 대상 : 전국 교회

☐ 적용 기간 : 2020. 7. 10.(18시) ~ 별도 해제 시

그런데 7월 9일 기준 한국의 전체 확진자 13,293명 가운데 교회 관련 확진자는 310명으로 2.3%에 지나지 않았고, 전체 기독교 인구 970만 명에 비하면 극히 소수에 불과했다. 따라서 교회의 예배와 각종 모임을 통제하는 모든 조치와, 이런 유의 가정통신문은 편향되있고 차별적인 정책이었다.

대한민국 건국 이래 국가권력이 교회에서 드려지는 예배에 이토록 강제권을 행사한 적이 있었던가? 대한민국 정부가 앞장서서 교회를 탄압하고 통제했던 적이 있었던가? 나는 전 세계의 자유민주주의를 채택하고 있는 국가 중 종교의 자유가 이처럼 침해되었던

사례를 들어보지 못했다.

한반도에 복음이 들어온 구한말부터 기독교 지도자들과 성도들은 국가의 위기 때마다 국가를 위해 기도하고 재산과 생명을 내어주며 이 땅을 지켜왔다. 따라서 교회가 방역 지침을 준수하고 바이러스 확산에 대처하려는 정부의 노력에 대해 적극적으로 협조해야 하는 것은 당연한 일이다.

그러나 교회 밖에서는 사람들이 서로 어울려 식사하고 담소를 나누며, 콩나물시루와 같은 대중교통으로 출퇴근하는 현실에서, 교회에서 교인끼리의 식사는 금지하고, 교회의 크기와 상관없이 예배 인원수를 제한하고, 찬양과 통성기도를 하면 벌금을 내야 하는 행정명령을 발동했다.

그리고 활발하게 사회생활을 하는 성도 중 코로나에 걸리기라도 하면 마치 교회가 코로나의 진원지인 양 온 매스컴이 감염자의 동선을 가감 없이 공개하며 '교회발 n차 감염'이라는 프레임을 씌워 대대적으로 보도하는 등 '밀착 집회 집단 시설' 중 유독 기독교 교회에 대해서만, 선택적으로 강제하고 교회를 전염의 원인으로 오해하게끔 했다.

이런 일련의 일들은 헌법이 보장한 종교자유에 대한 침해이자 하나님에 대한 도전이라고밖에 판단할 수 없었다. 팬데믹 상황이 마치 요한계시록에 기록된 마지막 때의 예행연습처럼 느껴졌다. 정부 관계자들은 수시로 교회를 순찰했고 지침도 수시로 바뀌었다. 마치 정부가 어디까지 교회를 통제할 수 있는지 실험해 보는 것 같았다.

이런 상황 속에서 한국교회의 입장은 양 갈래로 나뉘었다. 기독교 탄압이라며 방역 지침을 고려하지 않고 광화문에서 집회를 열어 천여 명의 집단감염이 발생한 교회, 전 교인이 방역복을 입고 예배를 드리는 교회, 방역 지침을 지키지만, 꾸준히 이의를 제기하는 교회들이 있던 반면에 아무런 저항이나 고민 없이 정부의 지침에 따르는 교회가 절대적으로 많았다.

오히려 몇몇 대형교회의 이름있는 목사님들은 비대면 예배는 새로운 시대의 새 기준(New Normal)이라고 하면서 앞으로 다가올 미래 시대의 예배 모습으로, 코로나 팬데믹 종식 후에도 교회 건물을 탈피한 이런 예배의 형태는 계속되어야 한다고 주장했다. 어느 교단의 5~60개 교회는 『코로나19 확산 교회가 진심으로 죄송합니다』라는 현수막을 내걸기도 했다.

기독연구원 느헤미야의 어느 교수는 "성경에서 대면으로 예배를 보라는 근거는 없다."라고 단언하며 "하나님을 만나는 것은 어차피 비대면"이라고 했다. 그리고 코로나 관련 기사마다 교회가 대면 예배를 강행하는 것은 헌금을 걷기 위해서라는 내용의 댓글이 수도 없이 달렸다.

아시아 경제 2020년 8월 31일 자 신문 ['잘못은 교회가 했는데……' 1,000만 시민 멈춤 주간, 교회 비판 여론 격화] 기사 내용 중에는 다음과 같은 일반시민의 인터뷰가 실렸다.

『박 씨는 "코로나19로 영업시간을 줄인다고 해서 아르바이트도 해고됐고, 정상적으로 수업도 들을 수 없다. 취업 준비의 목적으로 계획했던 시험 일정들도 다 엉망이 됐다"라며 "대체 예배를 집에서 드리면 안 되는 이유가 뭐냐. 그게 뭐가 그렇게 중요해서 다른 사람들의 인생까지 다 망쳐놓고 있는지 모르겠다" 라고 분통을 터뜨렸다. 』

어느 순간 국민의 인식 속에 코로나의 발원지는 교회가 되었고 예배는 감염전파의 통로가 되었다. 사회적 거리두기로 인한 경제적 손실과 불편함이 증가할수록 교회에 대한 책임 전가와 불만은 증폭되었다[7].

7) 연합뉴스, 2021-01-29, 양정우 기자, '코로나19'로 교회 신뢰도 급락…1년 만에 32%→21%, 2021년 1월29일 교계 여론조사기관인 목회데이터연구소가 낸 '코로나19 정부 방역 조치에 대한 일반 국민평가 조사' 결과를 보면 한국교회를 '매우·약간 신뢰한다.' 응답은 21%로 2020년 1월 조사 결과 32%보다 11% 하락, 19 확진자 중 교회발 감염 비율이 몇 %나 된다고 생각하는지 물어본 결과 전체 감염자의 44% 정도라고 응답했으나 1월 21일 질병관리청의 교회발 확진자 비율은 전체 11%로 4배나 과장되게 인식하고 있는 것으로 나타났다.

| 네번째 이야기

모이기를 폐하는 어떤 사람들의 습관과 같이 하지 말고

서로 돌아보아 사랑과 선행을 격려하며
모이기를 폐하는 어떤 사람들의 습관과 같이 하지 말고
오직 권하여 그 날이 가까움을 볼수록 더욱 그리하자
(히브리서 10:24~25)

†

말씀은 너무도 명확했다. 모이기를 폐하는 어떤 사람들의 습관과 같이 하지 말고 오직 권하여 그날이 가까움을 볼수록 더욱 그리하라고 말씀하고 계셨다. 나는 기록된 말씀을 잘못 적용하는 오류를 범하지 않기 위해 기도하며 계속 성경을 읽어 내려갔다.

혹 내가 하늘을 닫고 비를 내리지 아니하거나
혹 메뚜기들에게 토산을 먹게 하거나
혹 전염병이 내 백성 가운데에 유행하게 할 때에

내 이름으로 일컫는 내 백성이 그들의 악한 길에서 떠나
스스로 낮추고 기도하여 내 얼굴을 찾으면
내가 하늘에서 듣고 그들의 죄를 사하고 그들의 땅을 고칠지라
(역대하 7:13~14)

'참된 회개 그리고 참된 예배의 회복' 이것만이, 이 혼란의 상황을 종식시킬 수 있는 유일한 방법임을 말씀을 통해 재확인할 수 있었다. 그래서 사탄이, 국가권력과 여론을 동원하여 예배를 막은 것일까? 아마도 사탄은 하나님의 자녀들이 함께 모여 예배를 드리며부르짖어 기도하고, 온 힘을 다해 찬양을 올려드리다가, 회개의 영이 강력하게 임하는 그 상황을 가장 두려워했을 것이다. 그렇기에 하나님의 백성인 교회가 악한 길에서 떠나, 스스로 낮추고 기도하며 여호와의 얼굴을 구하는 통로인, 예배를 어떻게든 막고 싶었을 것이다.

왜냐하면 하나님의 백성인 교회가, 악한 길에서 떠나 회개하며 여호와의 얼굴을 구할 때, 여호와 하나님께서 친히 하늘에서 들으시고 죄를 용서해주실 뿐 아니라, 이 땅을 고쳐 주시기로 약속하셨기 때문이다.

교회는 마땅히 국가의 법과 질서를 지켜야 한다. 물론 팬데믹 상황에서는 전염을 예방하기 위한 지침과 예방 수칙들을 누구보다 모범적으로 지켜야 한다. 그러나 모든 가치 위에 기록된 하나님의 말씀이 있다. 그리고 기록된 하나님의 말씀을 믿고 지키는 하나님의

백성이 있는 그곳이 바로 하나님의 통치가 임한, 하나님의 나라이며 교회이다.

전염병을 일으키는 원인이 세균이나 바이러스라는 사실을 알지 못했던, 약 3천 년 전 솔로몬 시대나, 지금이나 전염병의 원인은 변함이 없다. 마찬가지로 삼천 년 전이나, 지금이나 전염병을 해결하는 근본적인 방법 또한 변함이 없어야 한다. (혹시 독자 중에 "그럼 전염병이 창궐해도 예방 지침도 지키지 않고 예방접종도 거부하고 다 같이 모여 예배만 드리면 된다는 말인가요?"라고 오해하는 사람이 없기를 바란다.)

| 다섯번째 이야기

너희 중에 성전 문을 닫을 자가 있었으면 좋겠도다!

만군의 여호와가 이르노라
너희가 내 제단 위에 헛되이 불사르지 못하게 하기 위하여
너희 중에 성전 문을 닫을 자가 있었으면 좋겠도다
내가 너희를 기뻐하지 아니하며
너희가 손으로 드리는 것을 받지도 아니하리라
(말라기1:10)

✝

어둑어둑해진 산길을 내려오며 주신 말씀을 되새겼다.

"주님! 어떠한 상황에서도 예배를 멈추지 않겠습니다. 우리에게 참된 회개와 예배의 영을 부어 주옵소서! 그리하여 우리의 예배가 하나님께서 받으실만한 예배가 되게 하옵소서!"

내 눈 가득 고인 눈물에 달빛이 아른거려 가뜩이나 어둑한 산길이 더 희미해 보였다. 마치 앞으로 교회가 헤치고 나아가야 할 앞날과도 같았다.

주일이 되었다. 전염병의 종식을 넘어 대한민국과 전 세계에 임할 부흥을 기대하는 마음을 담아 교회 천장에 만국기를 걸었다. 그리고 산에서 받은 말씀을 주일설교로 선포했다. 말씀의 결론을 이렇게 지었다.

"우리가 하나님께 온전한 예배를 올려드리는 것이 진정한 방역이며 애국입니다."

모든 성도가 숙연해졌다. 이어 예배당 안에서 성도들을 4그룹으로 나누어 동서남북 사방을 향하여 서도록 했다. 그리고 성도들의 거룩한 손을 들어 동서남북 사방을 예수 그리스도의 이름으로 축복하며 기도했다.

자유를 빼앗긴 후에야 비로소 자유의 소중함을 깨닫는다고 했던가? 당연히 계속 누릴 줄 알았던 예배의 자유를 빼앗길 수도 있다는 두려움이 나를 사로잡았다. 마지막 때 여호와의 크고 두려운 날이 임하기 전 예배의 자유는 빼앗긴다고 기록되어 있다. 그러나 지금은 아니다. 지금은 예배의 자유를 빼앗겨서는 안 된다. 한국교회는 아직 하나님께서 주신 사명을 완수하지 못했다.

한국교회가 예배의 자유를 빼앗긴다면 한국교회에서 전 세계로 파송한 선교사들의 사역은 어떻게 되겠는가? 자립교회가 없는 선교지의 영혼들은 어떻게 되며 아직도 복음 한번 들어보지 못한 미전도 종족들은 어떻게 되겠는가? 그리고 복음 통일을 학수고대하며 정치범 수용소에서 힘든 하루하루를 보내는 이들과 지하교회에서 숨죽여 예배를 드리고 있는 북녘땅의 내 동포는 어떻게 되겠는가?

나는 편히 잠을 이룰 수가 없었다. 침대에 누울 수 없어 소파에서 한 두 시간 눈을 붙이고 신음하듯 기도하며 뒤척이다 새벽기도회를 인도하러 나가기를 반복했다. 처음 내가 잠을 이루지 못했던 것은, 정부의 사회적 거리두기 지침이 예배의 자유를 억압하는 방향으로 흘러갔기 때문이었다.

그러나 얼마 후부터 고요한 새벽 절규하는 소리가 가슴을 울려 도통 잠을 잘 수가 없었다. 소파 위에 누워 뒤척이다가 이불을 뒤집어쓰고 무릎을 꿇었다가 결국 바닥으로 내려와 얼굴을 무릎 사이에 파묻고 통곡하며 기도할 수밖에 없었던 창조주의 절규!

"너희가 내 제단 위에 헛되이 불사르지 못하게 하기 위하여 너희 중에 성전 문을 닫을 자가 있었으면 좋겠구나!"

어떤 일이 있어도 예배를 멈추지 않겠다는 나의 결단을 주님께서 어떻게 보셨을까? 혹시 우리 교회가 드리는 예배를 보시고 아버지께서 성전 문 닫을 자를 찾지는 않으셨을까? 혹시 주의 단에서 말씀을 선포하면서 말씀 속에 내 생각을 살짝 끼워 넣거나 습관적으로 설교한 적이 있지는 않았을까? 나는 자신이 없었다. 어쩌면 창조주께서 성전 문 닫을 자로 팬데믹 상황과 정부 지침을 사용하신 것일 수 있다는 생각이 들었다.

"주여! 주의 성전에 모여 형식적 예배를 드렸던 날들을 기억나게 하소서! 마지막 날 심판대 앞이 아닌 오늘 심판대 앞에서 해결 받기 원합니다."

■ 주차장 예배

팬데믹 상황은 점점 악화되었고 교회에 대한 방역 지침은 더욱 까다로워졌다. 규모에 상관없이 20명 미만이라고 지침이 내려왔을 때는 건물의 공간을 나누어 분산하고 예배 횟수를 늘려 예배를 드릴 수 있었다.

얼마 되지 않아 영상 제작을 위한 필수인력 20인 미만만 본당에서 예배를 드릴 수 있다는 지침으로 바뀌었다. 주일 예배를 드릴 때는 방송 기술운영팀, 예배를 위한 중보 기도팀, 방역팀 등 모든 성도를 필수인력으로 편성하여 예배마다 방송을 송출하면 방역 지침 위반 없이 예배를 드릴 수 있었다.

그런데 금요기도회가 문제였다. 어쩔 수 없이 본당 출입 인원을 20인 미만으로 제한해야 했다. 그런데 예배를 준비하는 도중 단체 채팅방에 인증사진이 올라오기 시작했다. 다름 아닌 교회 지하 주차장 차 안에서 가족들끼리 영상으로 예배를 드리고 있는 인증사진이었다. 성도들 사이에 주차장 예배 인증사진 챌린지가 코로나 바이러스보다 빠르게 번져나갔다.

한 여름밤 예배를 사모하는 성도들이 교회 지하 주차장 차 안에서 시동을 끈 채 여름밤 더위보다 더 뜨거운 예배를 하나님께 올려드렸다.

오직 나는 주의 풍성한 사랑을 힘입어
주의 집에 들어가 주를 경외함으로
성전을 향하여 예배하리이다.
(시편 5:7)

■ 양극화

코로나 시기를 지나면서 사회 전반에 걸쳐 양극화 현상이 심화 되었다. 특히 학생들의 학업성취도의 양극화 현상은 사회적 문제로 대두되었다. 국가수준 학업성취도 평가가 표집평가로 전환된 2017년 이후 중학교 3학년과 고등학교 2학년의 국어, 수학, 영어 과목의 기초학력 미달 비율은 일제히 최고로 치솟았다.

[교과별 성취수준 비율(%)]

연도 \ 구분	3수준(보통학력) 이상						1수준(보통학력 미달)					
	중3			고2			중3			고2		
	국어	수학	영어	국어	수학	영어	국어	수학	영어	국어	수학	영어
2019	82.9 (0.54)	61.3 (0.94)	72.6 (0.82)	77.5 (0.54)	65.5 (1.24)	78.8 (0.98)	4.1 (0.28)	11.8 (0.44)	3.3 (0.24)	4.0 (0.40)	9.0 (0.59)	3.6 (0.35)
2020	75.4 (0.76)	57.7 (1.01)	63.9 (1.1)	69.8 (1.14)	60.8 (1.27)	76.7 (1.07)	6.4 (0.4)	13.4 (0.59)	7.1 (0.43)	6.8 (0.52)	13.5 (0.75)	8.6 (0.64)

* 1. 표집시행으로 인한 모집단 추정치이므로 괄호 안에 표준오차를 제시함
2. 통계적 유의도는 95% 신뢰구간(표본의 통계치 ±1.96*표준오차)을 활용함
3. ▇ 은 전년 대비 통계적으로 유의한 차이가 있는 경우를 표시함

자료: 교육부

그러나 부모와 사교육의 도움을 받은 학생들은 성적을 크게 끌어올리는 시간이 되었다.

교회도 양극화 현상이 일어났다. 교회 간의 양극화 현상뿐 아니라 한 교회의 성도들 사이에서도 양극화 현상이 일어났다. 많은 교인이 [비대면 예배], [온라인 예배]라는 신조어에 열광했다. 시공간을 초월한 예배를 드릴 수 있는 자유를 얻었다고 생각했기 때문이다.

그러나 시대를 분별하며 사회적 흐름과 현상이 마지막 때를 향해 달려가고 있다고 깨달은 목회자들과 성도들은 분주했던 삶을 단순화했다. 그리고 남는 시간 동안 말씀을 붙잡고 무이기를 힘쓰며 깊은 기도의 골방으로 들어갔다.

어쩔 수 없이 마지막 때는 마태복음 25장의 양과 염소 비유처럼 나뉘게 되어있다. 경건의 모양은 있으나 경건의 능력을 잃어버린 교회와 어린양이 어디로 인도하든지 끝까지 따라가며 순교에 이르는

교회로 나뉘게 되어있다. 그리고 더 이상 공식적으로 모여 예배를 드릴 수 없게 된다. 그리고 마음대로 행하는 자들이 형통하게 되어 있다.

또 스스로 높아져서 군대의 주재를 대적하며
그에게 매일 드리는 제사를 없애 버렸고
그의 성소를 헐었으며
그의 악을 말미암아 백성이 매일 드리는 제사가
넘긴 바 되었고 그것이 또 진리를 땅에 던지며
자의로 행하여 형통하였더라.
(다니엘 8:11~12)

코로나 시기는 하나님께서 주신 마지막 때 예행연습 기간일지도 모른다. 이 정도의 상황에서도 자신의 신앙을 지키지 못한다면 어떻게 진짜 마지막 때 신앙을 지킬 수 있겠는가? 특수부대는 실전을 대비하여 반복훈련을 받는다. 그래야 예고 없이 들이닥친 실전에서도 맡은 바 임무를 수행할 수 있기 때문이다. 나는 코로나 팬데믹 상황을 성도를 훈련하는 기회로 삼기로 했다. 그것도 마지막 때 특수 임무를 맡은 마지막 때의 특전사!

주 1회 받던 속회 보고서를 온라인 보고서를 추가하여 주 2회로 늘렸다. 온라인 보고서에는 속회원들의 성경 읽은 분량, 기도 시간, 전화 통화 횟수 등을 보고하도록 했다. 이럴 때일수록 말씀 읽기와

기도에 집중하자는 의미였다. 성도들은 보고서에 쓸 내용이 있어야 하기에 의도적으로 성경과 기도의 분량을 채워나갔다. 전혀 말씀을 읽지 않았던 성도들도 하루 1장, 2장, 3장으로 점차 늘어났다.

계산하지 않았기 때문에 자신이 얼마만큼 기도하는지 파악하지 못했던 성도들은 타이머를 맞추며 기도하거나 기도 시간을 정해놓고 교회에 들러 기도했다. 자신이 정한 시간을 채우지 못한 경우 기도를 끝내려다가 타이머를 보고 다시 기도에 들어가는 성도도 있었다.

무엇보다 속장과 부속장이 자신이 맡은 속도원의 영적인 상태와 신앙생활에 관심을 두고 돌보기 시작했다. 물론 아직 부족한 부분이 많다. 훈련은 이제 시작에 불과하다. 앞으로 더 많은 반복 연습과 훈련이 필요하다.

마지막 때가 가까워지면 북한이나 이슬람권 국가와 같이 통제가 심해지고 결국, 가정에서 소규모로 모여 비밀리에 예배를 드려야 할 때가 올 것이다. 그 시기가 오면 예배의 형태는 교회 건물 중심의 예배에서 비밀리에 드려지는 속회 즉 소규모 가정 중심의 예배로 바뀔 수밖에 없다.

이 시기에는 속장, 부속장이 자신들이 맡은 속도원들과 가족들의 영혼을 목회자처럼 돌봐야 한다. 평상시 이런 훈련이 익숙하지 않은 교회 공동체에 속해 있는 영혼들은 목자 없는 양과 같이 흩어지고 결국, 이리의 밥이 될 것이라고 성경은 경고한다.

| 여섯번째 이야기

돌들이 소리 지르도록 침묵할 수는 없었다.

내가 너희에게 말하노니 만일 이 사람들이 침묵하면
돌들이 소리 지르리라
(누가복음 19:40)

†

코로나 팬데믹으로 사회적 거리두기 지침이 점점 강화되었다. 교회에서 사회적 거리두기 지침을 지키고 있는지를 살피는 일은 사회적 초관심사였다. 그때 전반적인 분위기가 그랬다.

식당에서 4인 미만 식사가 허용될 때 교회 공동체의 소그룹 모임은 장소와 인원을 불문하고 금지되었다. 오죽하면 교회 밖에서 같은 교회 다니는 사람을 개인적으로 만나도 되는지에 대해 문의할 정도였다. 왜냐하면 같은 교회 다니는 지인끼리 커피를 마시거나 밥을 먹으며 이야기를 나누면 교회 소그룹 모임이라며 방역 지침 위반으로 신고당할지도 모른다는 불안감 때문이었다.

이런 사회적 분위기 속에 교회와 성도들의 마음은 많이 위축되었다. 우리 교회도 매주 토요일마다 하고 있던 노방전도를 계속해야 하는지 고민하지 않을 수 없었다. 교회에 대한 불신이 고조된 현 상황에서 노방전도를 할 경우 오히려 교회에 대한 이미지에 부정적 인상을 줄 수도 있다고 생각했기 때문이다.

성경은 과연 무엇이라 말씀하실까? 예수 그리스도께서 나귀 새끼를 타시고 감람산 내리막길에 가까이 다가오실 때였다. 온 무리는 예수께서 행하신 위대한 일을 보고 너무 기쁜 나머지 자신들의 겉옷을 길에 길게 펴며 이렇게 외쳤다.

"찬송하리로다 주의 이름으로 오시는 왕이여 하늘에는 평화요 가장 높은 곳에는 영광이로다"

그때, 그 모습을 탐탁지 않게 바라보고 있던 한 바리새인이 이렇게 말했다.

"선생이여 당신의 제자들을 책망하소서"

그러나 바리새인의 기대와 달리 예수님께서는 새로운 차원의 답변을 하셨다.

"내가 너희에게 말하노니 이 사람들이 침묵하면 돌들이 소리 지르리라"

그렇다. 지금 나귀 새끼를 타시고 예루살렘을 향하여 가시는 분은 누구신가? 다름 아닌 구약성경 전반에 걸쳐 예언된 메시아 바로 그 분이셨다. 말씀의 온전한 성취를 위하여 십자가에 달리실 이 예수가 메시아이심을 모든 사람에게 알려야 했다. 아무도 이 사실을 선포하지 않았다면 하나님께서는 온전하신 말씀의 성취를 위하여 돌들로 소리 지르게 하셨을 것이다.

말씀에 기록된 예언은 아무도 부인할 수 없도록 기록된 말씀에 따라 정확한 때에 성취하시기 때문이다. 만약 이 시대에도 우리의 구원자 되시며, 다시 오실 예수 그리스도를 아무도 전하지 않는다면 하나님께서는 돌들로 소리를 지르게 하실 것이다.

결코 돌들이 소리 지르도록 가만히 있을 수 없었다. 돌들이 소리를 지르기 전에 우리가 먼저 소리를 질러야 했다. 하나님께서는 한 가지 지혜를 주셨다. 매일 출근 시간대에 컨벤시아 사거리에 피켓을 들고 서 있었다. 한 시간에 수백 대의 차들이 내 앞을 지나갔다. 족히 천 대가 넘는 차량에 탄 운전자와 동승자들이 피켓에 쓰인 복음의 핵심 메시지를 그들의 눈으로 확인하며 지나갔다.

지금도 이 전도는 계속되고 있다. 너무 기발한 전도 방법을 알려주신 주님께 감사드린다. 피켓 전도를 할 때마다 큰 감동과 감격이 내 마음을 뜨겁게 했다. 나는 이 감동을 성도들과 나누었다. 성도들도 한 명 두 명 다시 전도에 동참하기 시작했다. 나는 이것을 [침묵 전도]라고 불렀다.

방역 지침대로 마스크를 썼다. 성도들은 사거리 모퉁이마다 2미터 이상 간격을 유지하여 섰다. 몇몇은 현수막을 들고 몇몇은 커다란 피켓을 들었다. 길을 건너는 모든 사람이 다 볼 수 있도록, 그리고 사거리를 지나는 차 안의 사람들이 다 볼 수 있도록 피켓을 최대한 높이 들었다.

'예수님은 우리의 구원자이십니다.'
'대한민국의 유일한 소망 예수 그리스도'
'예수님 믿고 천국 갑시다.'
'예수님은 당신을 사랑하십니다'

피켓에 적혀 있는 문구들을 마음으로 외쳤다. 그 영혼들의 눈을 마주치며 마음속으로 아주 크게 외쳤다. 그리고 기도했다.

'아버지! 저들을 구원하여 주옵소서! 이 땅을 고쳐 주옵소서! 그리고 이 땅에 부흥을 주옵소서!'

침묵으로 선도하고 있는 성도들의 눈에서는 누구라고 할 것 없이 눈물이 흘러내리고 있었다. 하늘을 바라보았다. 하나님 우리 아버지께서 우리 성도들을 바라보시며 기쁨을 이기지 못하시고 활짝 웃으시는 것 같았다. 전도를 마치고 돌아오는 성도들의 얼굴은 행복한 웃음으로 가득 차 있었다. 주 1회 토요일 전도하던 노방전도를 코로나 팬데믹 기간에 주 4회로 늘렸다.

하나님이 기쁘신 교회,
성도가 행복한 교회,
송도주예수교회

제4장

하나님은 사람이 아니시니 거짓말을 하지 않으시고

| 첫번째 이야기

대한민국을 전도하라! 그리고 부흥하라!

†

2020년 12월, 여전히 COVID-19가 기승을 부리고 있었다. 예년과 마찬가지로 송구영신 예배를 통하여 하나님께서 우리 교회에게 주시는 말씀을 받기 위해 기도원에 올라갔다. 이번에는 하나님께서 가슴이 뛰는 말씀을 주셨다.

여호와여 내가 주께 대한 소문을 듣고 놀랐나이다
여호와여 주는 주의 일을 이 수년 내에 부흥하게 하옵소서
이 수년 내에 나타내시옵소서 진노 중에라도
긍휼을 잊지 마옵소서
(하박국 3:2)

하박국의 말씀을 천천히 읽어 내려가는 동안 아버지의 마음이 깊이 느껴졌다. 그리고 반복하여 이렇게 말씀하시는 것 같았다.

'대한민국을 전도하라! 그리고 부흥하라!'

하아! 내 아버지의 소원 부흥!

코로나 팬데믹으로 세상이 어수선하고, 문을 닫는 교회가 늘어만 가는 이 시기에 하나님은 부흥을 명령하셨다. 그리고 그것이 아버지의 뜻임을 하박국 선지자를 통해 계시해주셨다.

일반적으로 교회의 부흥이 교인의 숫자가 늘어나는 것으로 오해하기 쉽다. 그러나 성경은 그렇게 말씀하고 있지 않다. 성경에 쓰인 부흥은

히브리어 חָיָה(하야)로 '살아난다', '소생한다', '부유하게 살다', '영원히 살다', '질병, 죽음으로부터 소생된다'라는 의미를 담고 있다.

부흥을 영어로 번역하면 revive인데 '다시(again)'를 의미하는 라틴어 접두사 're'와 생명(life)을 의미하는 라틴어 'vivo'가 결합 되어 'revival'(부흥)이 되었다. 즉 진정한 부흥은 생명을 되찾는 것이다. 죽었던 자가 다시 살아나는 것이다. 바로 예수 그리스도 부활의 능력으로 새 생명을 얻는 것이 성경에서 말씀하시는 참된 부흥의 뜻이다.

하박국 선지자가 활동하던 주전 600년경 중동지역은 격변의 시기를 지나고 있었다. 주전 612년에는 이스라엘 북부의 강대국이었던 앗수르가 바벨론에게 멸망되었고 남부지역 강국이었던 이집트 또한 주전 605년 바벨론에 참패하여 국력이 쇠퇴하였다. 유다 민족이 주변국들의 격변을 보면서 하나님을 더욱 의지하고 예배하는 믿음의 자리에 서 있었으면 좋았을 텐데, 안타깝게도 영적으로 육적으

로 점점 더 타락해갔다.

이런 혼돈의 시기에 하박국 선지자는 주께 대한 소문을 듣고 놀랐다. 그 소문은 다름 아닌 주변의 많은 나라들이 여호와의 심판을 받고 멸망한 것처럼 유대 나라도 여호와의 심판을 받게 된다는 것이었다. 하박국 선지자가 들은 소문은 핑크빛 미래가 아니었다. 유다가 하나님의 심판을 받고 망한다는 것이었다. 그러나 하박국 선지자는 심판하시는 하나님의 참뜻을 깨닫고 이렇게 기도한다.

"여호와여 내가 주께 대한 소문을 듣고 놀랐나이다. 여호와여 주는 주의 일을 이 수년 내에 부흥하게 하옵소서 이 수년 내에 나타내시옵소서 진노 중에라도 긍휼을 잊지 마옵소서!"

하박국 선지자는 심판을 선포하신 하나님께 이렇게 기도하고 있는 것이다.

"비록 우리가 징계받는 것이 힘들고 고통스럽겠지만 이것이 부흥을 위한 것이라면 이 일이 속히 이루어지기를 원합니다. 이 일로 인하여 우리 민족과 세계 열방이 다시 살아날 수 있다면 기꺼이 대가를 지불하겠습니다. 그러나 주님! 진노 중에라도 긍휼을 베풀어 주옵소서!"

하나님께서는 부흥을 꿈꾸며 전심으로 기도하는 하박국 선지자의 눈을 열어주셨다. 물이 바다를 덮는 것과 같이 온 세상 열방이 하나님 앞에 춤을 추며 예배드리는 그날을 보여주신 것이다. 그런데 가슴을 뛰게 하는 이 말씀을 2021년 송도주예수교회에게 주신 것이다. 청년 시절 구원의 은혜를 받은 그날부터 전 세계 모든 민족을 구원하기 원하시는 하나님의 마음을 알게 되었다. 그리고 그날부터 부흥을 꿈꿨다. 그렇기에 하나님께서 이루실 부흥을 위한 기도를 쉬지 않고 해왔다. 평신도 시절에도, 목회자 시절에도, 필리핀 선교사 시절에도, 미국 이민 목회자 시절에도 그리고 다시 고국으로 돌아와 교회도 없이 봉재산 바위에서 기도할 때도 부흥을 향한 열망은 식지 않았다. 오히려 해를 거듭할수록 부흥에 대한 열망은 내 심장을 더 힘차게 뛰게 했다. 이 글을 쓰고 있는 이 순간에도 말이다. 왜냐하면, 부흥은 하나님 아버지의 갈망이며 온 인류의 유일한 소원이기 때문이다.

인류 역사 초기부터 하나님은 부흥이 무엇인지 소개하신다. 인류 역사상 최초 살인이 있었던 후 하나님께서는 아담과 하와에게 셋을 주셨다. 그 후 셋이 아들을 낳고 그의 이름을 에노스라 하였는데 그 때부터 사람들이 비로소 여호와의 이름을 불렀다.

창세기 4장 26절 에노스의 히브리어 원어는 אֱנֹשׁ(에노쉬) 에노스 Enos(인)로 그 뜻은 '형편없는, 깨지기 쉬운, 부서지기 쉬운'이라는 뜻이 있다. 셋의 시대가 되어서야 비로소 하나님을 떠난 사람은 형편없고 깨지기 쉬운 나약한 존재라는 것을 깨닫게 되었다. 그래서 그들은 유일한 소망이신 여호와의 이름을 부르기 시작한 것이다. 나는 이것이 인류 역사에 있어 첫 부흥이라고 생각한다.

그 후 하나님께서는 아브라함을 불러내어 자신을 나타내시고 오직 여호와에게 소망을 둘 제사장 민족 이스라엘을 세우셨다. 부흥의 역사는 구약시대에 끝나지 않는다. 세례요한을 통하여 회개의 역사가 일어나고 예수님께서 십자가에 달려 죽으심으로 온 인류를 소생하게 하실 부흥의 조건이 완성되었다. 이 사실은 오순절 성령 강림을 통하여 확증되었다.

하박국 선지자는 이 부흥의 날을 환상으로 봤지만 지금 이 시대를 사는 우리는 우리의 눈앞에 실제로 펼쳐지는 것을 보게 될 것이다. 얼마나 장엄한 광경이겠는가! 물이 바다를 덮음과 같이 여호와의 영광을 인정하는 것이 온 세상에 가득한 그날, 모든 나라와 민족이 여호와께 나아가 찬송과 예배를 올려드리며 구원받는 그날은 아버지의 꿈이 이루어지는 날이다. 또한, 이 글을 읽는 우리 모두의 소망이 이루어지는 날이 될 것이다.

하나님께서는 반드시 이 시대를 향하신 하나님의 뜻을 이루실 것이다. 그러나 그 뜻을 이루기 위해서는 부흥의 도구로 헌신 된 '한 사람'이 필요하다. '한 교회'가 필요하다. 하나님께서는 부흥을 자신의 유일한 소원으로 삼은 자들을 부르고 계신다.

지금은 마지막 중의 마지막 때이다. 성경은 마지막 때 극단적인 양극화 현상이 심화할 것이라고 예고한다. 지금 우리의 마음을 불편하게 하는 이 세상의 타락은 사실 예고편에 불과하다는 사실을 알 때가 올 것이다. 세상은 물론 교회마저도 타락이 더욱 심화할 것이라고 성경은 기록하고 있기 때문이다. 마치 창세기 1장 2절의 '혼돈, תֹהוּ(토후)', '공허, בֹהוּ(보후)', '흑암, חֹשֶׁךְ(호세크)'의 시기와 같은 어두운 세상이 될 것이다.

그러나 이사야의 말씀처럼 동시대에 더욱 강력한 말씀과 성령의 조명을 받으며 하나님의 영광을 위해 일어서는 성도들도 있을 것이다.

일어나라 빛을 발하라 이는 네 빛이 이르렀고
여호와의 영광이 네 위에 임하였음이니라.
보라 어둠이 땅을 덮을 것이며 캄캄함이 만민을 가리려니와
오직 여호와께서 네 위에 임하실 것이며
그의 영광이 네 위에 나타나리니, 나라들은 네 빛으로,
왕들은 비치는 네 광명으로 나아오리라
(이사야 60:1~3)

우리는 어느 쪽을 바라볼 것인가? 어느 쪽을 향해 달려가야 할 것인가? 우리의 삶은, 우리 교회는 무엇을 위한 존재가 되어야 할 것인가? 대답에 지체할 이유가 없다. 하나님께서 온 세상에 '부흥'을 속히 펼치실 것이기 때문이다.

‘대한민국 부흥’을 위한 『순회기도 Tour』

그 후에 주께서 따로 칠십 인을 세우사
친히 가시려는 각 동네와 각 지역으로
둘씩 앞서 보내시며
(누가복음 10:1)

†

2021년 ‘대한민국을 전도하라 그리고 부흥하라’는 주님의 명령이 떨어졌다. 이 비전 성취를 위해 4차에 걸쳐 ‘대한민국 부흥’을 위한 『대한민국 전역 순회기도 Tour』를 진행했다. 21.1.25(월)~29(금)까지 5일간 진행된 1차 『순회기도 Tour』 기간 동안 전체 9개 도(道) 가운데 강원도와 제주도를 제외하고 7곳을 다녀왔다. 진세 1,535km를 달리면서 열 다섯 번의 예배를 올려 드렸다.

각 도의 도칭 소재지와 광역시급 이상의 대도시 그리고 한국교회에 역사적 의미가 있는 선교사들의 묘역, 역사적 기념관을 다니면서 작금의 대한민국이 잃어버린 초기 기독교의 영성을 회복하고

자 했다.

많은 선교사가 개화기에 이 땅에 들어와 생을 마감했다. 그리고 그 유업을 이어받은 초기 교회는 순교의 역사라고 해도 과언이 아닐 정도로 일제강점기와 6.25를 지나면서 순교의 피를 뿌려 신앙을 지켜왔다.

지금도 여전히 내일을 알 수 없는 풍전등화와 같은 위태로움에 처한 대한민국, 그러나 대한민국은 결코 망하지도, 망할 수도 없다. 왜냐하면 이들이 이 땅에 뿌린 순교의 피가 지금도 읍소(泣訴)하고 있기 때문이다.

2020년은 모두가 처음 경험하는 고통과 아픔의 시간을 보냈다. 많은 사람이 좌절하고 낙심하고 포기하고 한숨이 깊어졌다. 교회는 차별당하고 예배로 모이지 못하는 위기를 겪었다. 기가 막혔다.

목사는 과연 이와 같은 시대에 어떤 메시지를 전해야 할 것인가? 그리고 이 시대를 향한 하나님의 뜻과 섭리는 과연 무엇일까? 참새 한 마리도 그냥 땅에 떨어지는 법이 없는데 하나님께서는 우리에게 허락하신 이 현실을 통해 어떤 교훈을 얻기를 원하시는 걸까? 그것 때문에 2020년 1년 동안 하나님 앞에 엎드러졌다. 말씀 앞에 귀를 기울였다. 시대를 향한 아픔을 갖고 철저히 회개했다.

이때 가장 집중했던 것은 예배였다. 찬송가 한 소절을 불러도 생명을 담아 올려드리고, 한마디 기도를 내뱉어도 정성과 진솔함을 담아 올려 드렸다. 강단에 설 때마다 이번 예배가 마지막일지도 모른다는 두렵고 떨리는 심정으로 말씀을 준비하고 전했다. 그렇게 감동을 따라 1년간 강단에서 선포했던 말씀의 결론은 '부흥의 때를 준비하라'였다.

기독교 역사 2천 년 동안 많은 믿음의 선배들이 어떤 과정을 겪었던가? 그들이 선포하고 예언했던 말씀들이 어떻게 성취되어왔는가? 가장 어두운 터널을 지나는 것 같은 지금이야말로 하나님께서 부어주실 부흥의 때가 가까이 왔음을 알리는 신호가 아니겠는가?

4차례에 걸쳐 진행한 대한민국 『순회기도 Tour』는 목사 개인의 생각으로 시작된 것이 아니라 이 시대를 향한 하나님의 뜻이었음을 분명히 믿는다. 송도 땅에 있는 역사도 짧고 규모도 그리 크지 않은 작고 연약한 송도주예수교회를 통해 이 일들을 이루어 가시는 하나님의 섭리에 놀랍고 감사할 따름이다.

왜 우리가 우리 민족과 기독교의 역사적인 장소들을 찾아가야 하는지 의문이 드는 사람도 있을 것이다.

여호와께서 이와 같이 말씀하시되
너희는 길에 서서 보며 옛적 길 곧 선한 길이
어디인지 알아보고 그리로 가라
너희 심령이 평강을 얻으리라 하나 그들의 대답이
우리는 그리로 가지 않겠노라 하였으며
(예레미야 6:16)

성경은 평안을 얻기 위해서는 옛적 길 곧 선한 길이 어디인지 알아보고 그곳으로 가라고 말씀하신다. 지금이야말로 지난 5천 년의 역사를 돌아보며 선한 길을 찾아야 할 때가 아니겠는가?

우리는 기독교 유적지뿐 아니라 나라의 위기 때마다 자신을 초개(草芥)와 같이 드렸던 선현들이 남긴 흔적을 찾아보며 대한민국이 얼마나 위대한지, 하나님께서 우리 조국에 얼마나 큰 은혜를 베푸셨는지를 기억했다. 그리고 한국교회가 가던 방향을 바꾸고 선한 길로 돌이키게 해 달라고 기도했다. 그래야만 오늘 대한민국이 당하고 있는 현실과 앞으로 펼쳐질 일들이 어떠하든지 참된 평안을 얻게 될 것이기 때문이다.

'대한민국 부흥'을 위한 『순회기도 Tour』는 기독교 역사에 의미 있는 지역을 다니는 일반적인 기독교 유적지 탐방이 아니다. 여기에는 훨씬 더 깊은 영적인 의미가 담겨있었다. 보이지 않는 어둠의 권세와의 매우 치열한 영적 전쟁을 치르며 전국 방방곡곡을 다녀야 했다.

마치 하늘로부터 명령을 부여받은 특전사와 같은 심정이었다. 순회기도 Tour를 진행하는 동안 다시 한번 삼천리 반도 금수강산 방방곡곡 교회당이 세워지고 찬송가가 담장을 넘어 마을마다 가득하고 많은 사람이 하나님께 자발적으로 나와 예배하는 부흥과 구원의 날을 꿈꾸며 다녔다. 도로를 달리는 차 안에서 하염없이 흐르는 눈물이 뺨을 타고 흘러내렸다.

어찌하면 내 머리는 물이 되고
내 눈은 눈물 근원이 될꼬
죽임을 당한 딸 내 백성을 위하여 주야로 울리로다
(예레미야 9:1)

대한민국 5천 년 역사 속에 역사적이고 영적으로 중요한 장소들이 있다. 그곳을 찾아가 우주 만물을 창조하신 하나님, 대한민국의 경계를 정하시고 대한민국을 이 땅에 세우신 하나님께 모든 것이 귀속됨을 선포했다. 이 선포는 강력한 힘이 있다. 예수님께서 직접 하신 이 말씀을 생각해 보라!

진실로 너희에게 이르노니
무엇이든지 너희가 땅에서 매면 하늘에서도 매일 것이요
무엇이든지 땅에서 풀면 하늘에서도 풀리리라
(마태복음 18:18)

이번 여행 동안 각 지역을 불법으로 점거하고 있는 어둠의 영들과 견고한 진(陣)을 예수 그리스도의 이름으로 묶고 풀었다. 그리고 그 지역을 축복하고 회복을 선포했다. 하나님의 사람들이 일어나 빛을 발하기를 기도했다. 이 같은 행동의 근거는 어디에 있는가? 바로 예수님께서 무엇이든지 묶고 풀 수 있는 열쇠를 교회에게 맡기셨기 때문이다.

그러므로 그 도시가 어떤 악한 영에 묶여 있든지 예수 그리스도의 이름으로 풀어내고 결박할 때 치유의 역사가 일어난다. 교회에게 맡기신 이 강력한 무기를 사용하지 않는 것은 직무 유기가 아니겠는가?

마태복음 3장을 보면 예수님은 연속해서 세 번의 시험을 받으신다. 마귀가 예수님을 높은 곳으로 데리고 올라가 순식간에 천하만국을 보이며 이렇게 말한다.

"이 모든 권위와 그 영광을 내가 네게 주리라. 이것은 내게 넘겨준 것이므로 내가 원하는 자에게 주노라. 그러므로 네가 만일 내게 절하면 다 네 것이 되리라"

이처럼 의심의 여지 없이 공중 권세 잡은 마귀가 이 시대를 잡고 있다. 그러나 예수님은 마귀를 이기셨다. 예수님의 무기는 정확한 하나님의 말씀이었다. 우리가 들고 나가 싸워야 할 무기도 오직 정확한 하나님의 말씀이어야 한다. 하나님의 말씀은 곧 하나님의 능력이기 때문이다.

하나님의 능력은 모든 이론과 하나님 아는 것을 대적하여 높아진 것들을 다 무너뜨린다. 그리고 모든 생각을 사로잡아 그리스도에게 복종하게 한다(고후10:4~5). 종교다원주의, 인본주의, 혼합주의, 위장된 소수자 인권 운동 등 예수님을 대적하는 모든 생각을 사로잡아 복종하게 하실 것이다. 이 얼마나 통쾌한 승리인가?

그렇기에 각 지역 교회들의 예배 회복과 다음 세대가 함께 살아날 것을 선포할 때 가슴이 벅차올랐다. 코로나 기간 비대면 예배, 온라인 예배 등 신조어들이 탄생하며 예배가 무너졌지만, 하나님께서는 분명히 다시 회복시키실 것이다. 이렇게 작은 교회에게도 부흥의 소망을 부어 주셨다면 하나님께서 부흥의 열망을 부어 주신 7천 개의 교회를 숨겨놓으셨을 것이라고 믿는다. 그리고 그 교회들을 하나로 연합하게 하실 것 또한 믿는다.

복음의 기쁜 소식과 함께 넘겨받은 사명의 바통

이르시되 너희는 나를 누구라 하느냐
시몬 베드로가 대답하여 이르되
주는 그리스도시요 살아 계신 하나님의 아들이시니이다
(마태복음 16:15~16)

†

교회 설립 6주년 기념 주일이 다가오고 있었다. 여전히 그 끝을 알 수 없는 코로나 팬데믹은 계속되었고 국가의 전반적인 경제 상황은 날로 악화하였으며, 한국교회뿐 아니라 세계교회가 무너져 내리고 있었다. 이 시점에서 하나님께서 개척 6주년을 맞이하는 교회에게 주시는 말씀이 궁금했다. 아니 절박했다. 그동안 신실하신 하나님께서는 늘 말씀을 먼저 주시고 강단에서 선포할 때 선포된 말씀대로 이루어 주셨기 때문이다.

"주여! 현실을 바라보지 않고 말씀만을 바라보고 가겠습니다. 주님, 지금 상황에서 우리 교회는 어떻게 해야 할까요?"

나의 기도 섞인 질문에 주님께서 오히려 내게 반문하셨다.

"너는 나를 누구라 하느냐?"

나는 마태복음 16장을 펴 읽었다. 바로 마태복음 16장이 6주년을 맞이하는 교회에게 주시는 말씀이었다. 이 말씀을 통하여 예수님께서는 당신의 비전을 당신의 교회인 우리 교회에 계시(啓示)하여 주셨다.

어느 날 예수님께서 제자들과 함께 가이사랴 빌립보를 지나가시다가 질문하셨다.

"사람들이 인자를 누구라 하느냐?"

"세례자 요한이라고도 하고 엘리야라고도 하고 예레미야나 예언자 중 한 분이라고 하는 사람도 있습니다."

예수님께서는 제자들의 대답에 반응하지 않으시고 다시 질문을 던지신다.

"그러면 너희는 나를 누구라 하느냐?"

"주는 그리스도이시며 살아 계신 하나님의 아들이십니다."

당신이 누구인지 정확하게 대답한 시몬 베드로의 대답을 들으신 후에야 예수님께서는 당신의 비전을 말씀하신다.

"내가 이 반석 위에 내 교회를 세울 것이니 지옥의 문들이 이것을 이길 수 없을 것이다. 내가 너에게(교회에게) 하늘나라의 열쇠를 줄 것이다. 무엇이든 네가(교회가) 땅에서 매면 하늘에서도 매일 것이요, 네가(교회가) 땅에서 풀면 하늘에서도 풀릴 것이다."

예수님께서는 자신의 비전은 음부의 권세가 이길 수 없는 교회를 세우는 것이라는 것을 밝히신 후에야 비로소 자신이 그리스도이심을 밝히신다. 그리고 십자가 사건과 부활의 사건에 대하여 말씀하신다.

여기서 우리가 분명히 알아야 할 것이 있다. 예수님께서는 세상 사람들이 예수님을 어떻게 생각하는지가 그렇게 중요하지는 않으셨다는 것이다. 당신의 제자들이 당신을 누구라고 알고 있는지가 가장 중요하셨다. 왜냐하면, 예수님께서 십자가의 영광을 받으신 후에는 지금 당신 앞에 서 있는 제자들이 예수님의 비전을 성취해 가야 하기 때문이다. 그러기 위해서는 제자들이 예수님께서 누구이신지와 오신 목적을 정확하게 알고 있어야만 했다.

예수님은 성부 하나님의 비전을 성취하기 위하여 이 땅에 오셨다. 뱀의 머리를 깨뜨릴 여자(처녀 이스라엘)의 후손으로 이 세상에 오신 것이다. 그리고 이렇게 선포하셨다.

"내가 이 반석 위에 내 교회를 세울 것이다. 결코 음부의 권세는 교회를 이기지 못한다! 내가 주는 천국 열쇠로 음부의 권세를 다스려라! 지옥 가야 할 영혼들을 건져내라!"

음부는 히브리어로 하데스(הָדאֶ)인데, '죽은 자의 거처', '지옥'이라는 뜻이다. 지옥은 죄인들이 심판받은 후 영원한 형벌을 받기 위해 가는 곳이다. 그런데 죽어서뿐 아니라 살아 있는 지금도 지옥과 같은 삶을 사는 사람들이 얼마나 많은가?

하나님의 형상으로 지음을 받은 사람들을 지옥으로 끌고 가는 존재 그리고 살아서도 지옥 같은 삶을 살게 만드는 것은 무엇일까? 성경은 분명하게 말씀하신다. 다름 아닌 죄다. 우리의 인생을 불행하게 하는 것은 '죄' 때문이다. 죄로 인하여 인생을 살아가는 동안 불행하고 죽어서도 영원히 불타는 지옥에 던져진다. 그러나 하나님은 이렇게 말씀하신다.

"나는 나의 자녀들을 결코 사탄에게 내어주지 아니하리라! 내가 저들을 구원하리라!"

그 방법은 신앙고백의 반석 위에 예수 그리스도의 교회를 세우는 것이다. 그리고 교회를 통하여 구원의 기쁜 소식을 온 열방에 전하는 것이다. 이것이 이 세상을 구원하시려는 예수님의 비전이다.

반드시 예수님의 비전은 이루어질 것이다. 모든 사람이 예수 그리스도의 이름 앞에 무릎을 꿇는 날이 오고야 말 것이다. 열정적인 전도자 바울 사도는 빌립보 교회를 향하여 이렇게 말한다.

하늘에 있는 자들과
땅에 있는 자들과 땅 아래에 있는 자들로
모든 무릎을 예수의 이름에 꿇게 하시고
(빌립보서 2:10)

교회는 건물이 중요하지 않다. 예수 그리스도의 몸 된 교회를 이루어 가는 성도들이 예수님이 누구이신지 분명히 아는 것이 중요하다. 그 안에 예수의 생명이 있는가? 그 안에 우리의 심장을 뛰게 하는 예수 그리스도의 비전이 있는가? 그리고 그 확실한 비전 속에 기꺼이 대가를 치르며 그것을 이룰 각오가 되어있는가?

베드로 사도는 이렇게 말씀하신다.

주의 약속은 어떤 이들이 더디다고 생각하는 것 같이
더딘 것이 아니라 오직 주께서는 너희를 대하여
오래 참으사 아무도 멸망하지 아니하고
다 회개하기에 이르기를 원하시느니라
(베드로후서 3:9)

내가 구원받은 것은 말로 표현할 수 없는 감사한 일이다. 주님은 구원받은 나를 통하여 가정 안에 구원이 이루어지기를 원하시며 나아가 지역사회와 대한민국 그리고 모든 나라와 민족이 구원받기를 원하신다. 이것이 예수님의 비전이다. 예수님의 비전은 하나님 아버지의 비전을 성취해 가시는 것이다.

하나님은 출애굽을 이끌었던 모세를 시내산으로 부르신다. 그리고 모세를 통해 이스라엘 백성을 향한 하나님의 비전을 공유하신다.

> 세계가 다 내게 속하였나니
> 너희가 내 말을 잘 듣고 내 언약을 지키면
> 너희는 모든 민족 중에서 내 소유가 되겠고
> 너희가 내게 대하여 제사장 나라가 되며
> 거룩한 백성이 되리라
> 너는 이 말을 이스라엘 자손에게 전할지니라
> (출애굽기 19:5~6)

전 세계는 하나님께 속해 있다. 그러나 하나님의 나라는 아직 이 땅에 완성되지는 않았다. 그것은 예수 그리스도가 다시 오실 때 완성될 것이다. 교회는 이 사명을 함께 이루어 갈 구원받은 자녀들이 모인 곳이다.

안디옥 교회는 금식하며 하나님의 뜻을 구하다가 바울과 바나바를 보내라는 성령의 감동을 받고 그대로 순종한다. 분명히 안디옥 교회가 안수하여 바나바와 사울을 보냈다. 그런데 성경은 바울과 바나바가 성령의 보내심을 받았다고 기록하고 있다. 그렇다. 안디옥 교회는 하나님의 비전을 알기 위해 금식하며 기도했고, 성령님은 그들의 기도에 응답해 주신 것이다.

오늘날의 교회도 이런 교회가 되어야 한다. '성령님께 압도당한 교회! 성령께서 주도해 가시는 교회!' 하나님은 지금 이런 교회와 함께 당신의 비전을 완성해 가시길 원하신다.

예수님께서 지상에 계실 때 제자들에게 반복적으로 훈련하신 것이 있다. 바로 전도 훈련이다. 주님은 70인을 따로 세우시고 직접 가시려고 했던 각 동 각처로 제자들을 보내 복음을 전하게 하셨다. 부활하신 후에도 예수님께서는 직접 가시려 했던 곳으로 제자들을 보내셨다. 그런데 이번에는 지경이 너무 넓어졌다.

"너희는 가서 모든 민족을 제자로 삼아 아버지와 아들과 성령의 이름으로 세례를 베풀고 내가 너희에게 분부한 모든 것을 가르쳐 지키게 하라!"

당시 이스라엘은 로마의 식민지였다. 교통수단도 발달하지 않았고, 세계가 얼마나 크고 넓은지, 그 끝이 어디인지도 정확하게 알지 못하던 시대였다. 그러니 예수님께서는 말도 안 되는 명령을 제자들에게 내리신 것이다. 이 명령을 들은 제자들은 얼마나 당혹스러웠을까? 그런데도 그들은 자기의 목숨을 내어드리기까지 명령에 순종했다.

그 순종으로 인하여 지구의 반대편에 있는 우리에게까지 복음의 기쁜 소식이 전해졌다. 그런데 복음을 전해주면서 함께 넘겨준 것이 있다. 바로 복음의 기쁜 소식을 다음 주자에게 전해줘야 하는 사명의 바통이다. 바통을 넘겨받은 교회는 이제 변명의 여지가 없다.

6주년을 맞이하면서 끊임없이 질문했다.

"주님 무엇을 할까요? 우리 교회가 어떻게 해야 할까요?"

"다시 기도하라!"

다시 기도했다.

"기도의 우물을 파라"

다시 기도의 우물을 팠다. 사명의 우물을 팠다. 비전의 우물을 팠다. 그랄의 목자들이 덮어버린 우물을 다시 팠다. 블레셋 사람들이 덮어두었던 우물을 다시 팠다. 그동안 덮여있던 우물을 기도로 파내었더니 하나님께서 품어 오신 비전을 공개해 주셨다.

한국교회의 목회자들과 전 세계 파송된 선교사, 그리고 현지인 교회와 함께 연합하여 예수님의 비전을 성취해 갈 [주예수 세계선교 비전센터]라는 상상하지도 못했던 비전!

2020년 1년간의 말씀을 통해 부흥을 준비할 때가 되었다고 하신 주님께서 2021년 신년에 부흥이 무엇인지 다시 상기하여 주시더니 6주년을 맞이하는 교회를 향한 당신의 계획을 열어주셨다. 지난 6년 동안 순종하면서 달려왔더니, 아무것도 하지 못할 것 같은 코로나 시기에 주님께서는 가슴 깊이 품고 계셨던 비전을 공개하신 것이다.

마지막 때 인류가 한 번도 경험해보지 못한 전무후무한 부흥을 허락하실 것이다. 지금 준비되어 있지 않으면 그날 쓰임 받을 수 없다. 그날에 주님께서 깃발을 높이 세우고 병사들을 모집하실 것인데 지금 깨어 준비하지 않으면 그날에 주님께서 깃발을 아무리 높이 세워도 볼 수 없을 것이다. 오직 주님의 손에 들려있는 깃발에 시선이 고정된 사람, 그 교회만이 깃발을 보게 될 것이다.

너희는 모든 민족에게 이렇게 널리 선포할지어다
너희는 전쟁을 준비하고 용사를 격려하고
병사로 다 가까이 나아와서 올라오게 할지어다.
(요엘 3:9)

나와 우리 교회는 이 비전을 감당하기에 너무 연약하다. 그러나 주님께서는 이렇게 말씀하신다.

이르시되 그것을 내게 가져오라
(마태복음 14:18)

우리 교회는 물고기 두 마리와 보리떡 다섯 개와 같이 보잘것없다. 그러나 예수 그리스도의 손에 올려질 때 오천 명이 먹고도 열두 광주리가 남는 기적이 일어날 것이다.

너무도 가슴 떨리는 비전, 그러나 우리의 힘으로는 도저히 감당할 수 없는 비전을 받은 그날 나는 주저함 없이 나와 교회를 주님의 손에 올려드렸다. 그러기에 주님은 이 비전을 친히 이루어 가실 것이다. 그리고 이 비전을 위해 연합하는 모든 교회와 기업, 성도들 역시 벳세다 광야의 축복을 누리게 하실 것이다.

코로나 팬데믹으로 미래가 불확실하고 경제가 휘청거려도 이 땅에 생명의 떡으로 오신 예수 그리스도로 인하여 벳세다 광야에서의 기적은 지금도 일어나고 있다. 혹시 이 책을 읽는 독자 중 자신을 스스로 보리떡 다섯 개와 물고기 두 마리같이 보잘것없다고 생각하고 있다면, 인생의 절망에 빠져 주저앉아 있다면 "할렐루야!"를 외치고 일어나자!

지금이야말로 당신의 삶에 벳세다 광야의 기적이 일어날 때이다. 당신이 예수 그리스도의 손에 올려지기만 한다면 말이다. 주저하지 말고 당신의 삶을 예수 그리스도의 손에 올려드려라 그리고 복음과 함께 넘겨받은 사명의 바통을 쥐고 함께 날리자!

내가 새 일을 행하리니!

보라 내가 새 일을 행하리니 이제 나타낼 것이라
너희가 그것을 알지 못하겠느냐
반드시 내가 광야에 길을 사막에 강을 내리니
장차 들짐승 곧 승냥이와 타조도 나를 존경할 것은
내가 광야에 물을, 사막에 강들을 내어
내 백성, 내가 택한 자에게 마시게 할 것임이라
이 백성은 내가 나를 위하여 지었나니
나를 찬송하게 하려 함이니라
(이사야 43:19~21)

✝

2021년 교회창립 6주년 기념 주일에 하나님께서 주신 말씀을 강단에서 선포했다. 그리고 교회에게 주신 사명인 [주예수 세계선교비전센터]의 시작을 알리는 선포식을 했다. 물론 구체적인 그림은 없었다. 당연히 경제적 능력도 없었고 그 일을 함께 추진해 나갈 인력도 부족했다. 그러나 말씀이 떨어졌으니 이미 하늘 본부 결재는 받아놓은 것이다.

이날 이후로 내 머릿속은 온통 [주예수 세계선교 비전센터]로 가득 차버렸다. 2021년 하반기에 내가 주님께 가장 많이 올려드린 질문은 이것이었다.

"주님! 어디입니까?"

그리고 시간이 될 때마다 차를 몰고 인천대교를 건너 영종도 이곳저곳 구석구석을 찾아다녔다. 주님께서 어딘가에 분명히 미리 정해놓으셨을 선교 비전센터의 부지를 찾아다니기 위해서였다.

인천대교를 건널 때마다 가슴이 터질 것 같았다. 전 세계 파송된 선교사들이 인천국제공항을 통해 [주예수 세계선교 비전센터]로 몰려드는 것을 상상했다. 오랜 선교지 생활로 지쳐있는 몸과 마음을 회복할 체계적인 건강검진과 치료 과정, 그리고 마지막 때에 맞는 말씀과 영성 그리고 선교전략을 세워 재무장하고, 불타오르는 뜨거운 심장으로 선교 현장으로 다시 돌아가는 선교사들의 비장한 눈빛이 보이는 듯했다.

이 얼마나 가슴 설레는 사역인가? 많은 선교사 자녀는 자기 의사와 상관없이 선교지의 열악한 환경에서 살아가야 하는 문화적 충격과 갈등들로 어려움을 겪고 있다. 그렇지만 이들이야말로 다음 선교를 책임질 가장 강력한 세대가 아니겠는가! 이들은 이미 타 문화권 생활에 익숙해져 있고 이중언어가 유창한 선교의 재원들 아니겠는가? 이들에게는 선교하는 부모의 삶을 통해 자신도 모르게 이식된 선교적 DNA가 있다. 이들을 크리스천 리더로 길러내는 비전 또한 나를 잠들지 못하게 했다.

시간은 빠르게 흘렀다. 어느덧 2021년을 마무리해야 하는 시간이 왔다. 늘 그렇듯 송구영신 예배와 2022년 신년에 주실 말씀을 받기 위해 기도원으로 올라갔다. 내가 기도원에 있는 동안 우리 교회 성도들은 새벽에 이사야서를 통독했다. 나도 영상으로 성도들과 함께 이사야서 통독에 동참했다.

보라 내가 새 일을 행하리니
이제 나타낼 것이라 너희가 그것을 알지 못하겠느냐?
반드시 내가 광야에 길을 사막에 강을 내리니
(이사야 43:19)

터질 것 같던 심장이 멈춰버린 것 같았다. 내 안에 적막이 흘렀다. 고요해졌다. 생각도 멈추었다. 그때의 감동을 어떤 말로 표현할 수 있을까? 교회창립 6주년에 주신 비전으로 가득 차 잠도 잘 못 이루는 나에게 기록된 여호와의 말씀을 증서로 주셨다.

"보라! 내가 새 일을 행하리니!"

이 말씀이 예언자를 통해 선포되었을 그때 이스라엘 백성들의 반응은 어땠을까? 어떻게 광야에 길을, 사막에 강을 낸다는 말인가? 도대체 그 길이 어떤 길이길래 하나님은 이 길을 만들겠다고 하시는 것일까?

이사야 40장 3절은 광야에서 여호와의 길을 예비하라고 말씀하신다. 그리고 사막에서 하나님의 대로를 평탄케 하라고 하신다. 과연 하나님의 대로는 무엇인가? 한 번도 생각해 보지 못한 그 길은 과연 무엇일까?

하나님의 영광이 육신으로 이 땅에 오셨다. 하나님의 영광을 볼 수 없었던 사람들에게 친히 하나님의 영광을 볼 수 있게 해주신 것이다. 그리고 하나님의 본체이신 예수님은 자기 육체를 찢어 새로운 길을 내셨다(히브리서 10:20). 하나님의 대로는 바로 예수님의 찢어진 육체였다. 이로써 이사야서의 말씀이 성취되었다.

마지막 날 전 세계에서 구원받은 백성이 이 길을 통하여 여호와께로 나올 것이다. (이사야 62:10) 그 끝에는 다시 오실 예수 그리스도께서 서 계실 것이다. 이 일을 이루시기 위해 예수님께서 새로 내신 길로 열방을 인도할 '부흥'을 주실 것이다. 이 부흥을 우리가 미처 꿈도 꾸지 못한 방법으로 이루시겠다고 선포하시는 것은 아닐까?

| 다섯번째 이야기

교회여 영적 전쟁에서 승리하라!

모세가 여호수아에게 이르되 우리를 위하여
사람들을 택하여 나가서 아말렉과 싸우라
내일 내가 하나님의 지팡이를 손에 잡고
산꼭대기에 서리라
(출애굽기 17:9)

†

새 일을 행하신다고 약속하신 2022년 첫날이 되었다. 새 일을 행하신다는 약속이 장밋빛 미래, 순탄한 길을 약속하신 것은 아니다. 새 일을 행하신다고 약속으로 주신 말씀에는 이사야 48장 10절과 11절도 포함되어 있기 때문이다.

보라 내가 너를 연단 하였으나 은처럼 하지 아니하고
너를 고난의 풀무에서 택하였노라.
내가 나를 위하며 내가 나를 위하여 이를 이룰 것이라

어찌 내 이름을 욕되게 하리요
내 영광을 다른 자에게 주지 아니하리라
(이사야 48:10~11)

분명 여호와 하나님께서는 당신의 영광을 위하여 이 일들을 이루실 것이다. 이 과정에서 교회가 해야 할 일은 단 하나 고난의 풀무를 통과하는 것이다. 하나님의 약속이 이루어지는 것을 보기 위해서는 교회가 고난의 풀무를 통과할 준비를 해야 했다.

2022년 희망찬 새날과 새 약속이 기다리고 있다는 것은 동시에 새로운 영적 전쟁의 시작을 알리는 것이기에 온 교회는 1월 1일부터 21일 다니엘 기도를 시작했다. 나는 다시 한번 강대상 옆에 텐트를 치고 21일간 철야기도에 들어갔다. 하나님께서 보여주신 계시와 환상을 깨닫기 위해 뜻을 정하여 21일간 기도했던 다니엘처럼 2022년 주신 말씀을 깨닫기 위해 뜻을 정하여 기도에 돌입했다.

21일 기간 동안 하나님께서는 교회에게 '영적 전쟁에서 승리할 것'과 '기도의 능선을 구축할 것'을 주문하셨다. 그리고 영적 전쟁에서 승리하기 위한 몇 가지 주의를 당부하셨다. 나는 이 말씀들을 주일과 새벽 설교를 통해 성도들과 나누었다.

첫째, 교회 공동체에서 뒤처지지 말라!

신명기는 40년 광야 여정을 마치고 약속의 땅 가나안 입성을 코앞에 둔 이스라엘 백성에게 당부하는 모세의 유언과도 같은 책이다.

이 책에서 모세는 이렇게 당부한다.

애굽에서 나오는 길에 아말렉이
내게 행한 것을 기억하라
(신명기 25:17)

왜냐하면 아말렉이
이스라엘이 피곤할 때
무리에서 뒤에 떨어진 약한 자를 쳤고
하나님을 두려워하지 않았기 때문이다.
(신명기 25:18)

광야 교회나 현대 교회나 마찬가지이다. 교회 안에서 사탄의 공격 대상이 되는 성도들은 교회가 전진해 나갈 때 지쳐있거나 뒤로 처져있는 연약한 성도들이다. 마치 정글의 상위 포식자가 무리에서 이탈하여 단독 행동을 하는 약체를 공격 대상으로 삼는 것과 마찬가지이다.

그러므로 교회 공동체에서 떨어지면 안 된다. 스스로 영적 전쟁의 용사라는 것을 깨닫고 선두그룹에 서야 한다. 또한 중간 리더들은 혹여 지치거나 힘들어서 뒤로 처지려는 성도는 없는지 항상 살피고 이끌어줘야 한다.

둘째, 길을 여는 자가 돼라!

미가 선지자는 이스라엘이 다시 회복되는 광경을 이렇게 기록하고 있다.

> 길을 여는 자가 그들 앞에 올라가고
> 그들은 길을 열어 성문에 이르러서는 그리로 나갈 것이며
> 그들의 왕이 앞서가며 여호와께서는 선두로 가시리라
> (미가 2:13)

여호와께서 선두에 서서 가시고 왕이신 예수 그리스도께서 앞서 가신다. 그리고 뒤를 이어 이스라엘 온 무리가 성문으로 나아간다. 그런데 전열을 정비하고 열린 성문을 통하여 진군하기 전 길을 여는 자가 그들 앞에 올라가서 성문을 연다.

고대 전쟁에서 가장 용맹한 군인은 성문을 돌파해 가는 전사들이다. 그렇기에 가장 피해도 크다. 영적 전쟁도 마찬가지이다. 이미 많은 믿음의 선배들이 그들의 삶과 생명을 내어놓고 길을 여는 자로 성문을 돌파해나갔다. 이제 우리 차례가 아니겠는가?

하나님께서는 교회에게 주신 선국의 열쇠를 사용할 줄 아는 교회, 하나님의 전신 갑주로 무장하고 영적 전쟁에 능한 성도들을 지금도 모으신다. 우리의 왕이신 예수님이 다시 오실 그 성문을 완전히 여는 자들이 필요하기 때문이다.

셋째, 앞서가되 하나님을 신뢰하고 주신 비전을 굳게 붙잡아라! 광야를 행진하던 이스라엘과 아말렉이 전쟁이 벌어졌다.

그 때에 아말렉이 와서 이스라엘과 르비딤에서 싸우니라
(출애굽기 17:8)

그런데 아말렉이 쳐들어온 시기가 기가 막힌다.

그가 그 곳 이름을 맛사 또는 므리바라 불렀으니
이는 이스라엘 자손이 다투었음이요
또는 그들이 여호와를 시험하여 이르기를
여호와께서 우리 중에 계신가 안 계신가 하였음이더라
(출애굽기 17:7)

애굽에서 430년간 바로의 종으로 살던 이스라엘 백성들은 애굽에 내린 10가지 재앙을 경험하고도, 갈라진 홍해를 건너고서도, 홍해에 애굽의 전차들이 수몰되는 것을 보고서도 마실 물이 없자 모세를 향하여 원망한다. 가나안 땅을 주시겠다는 하나님의 약속은 까맣게 잊어버리고 하나님을 대적하기에 이른다.

거기서 백성이 목이 말라 물을 찾으매
그들이 모세에게 대하여 원망하여 이르되

당신이 어찌하여 우리를 애굽에서 인도해 내어서
우리와 우리 자녀와 우리 가축이 목말라 죽게 하느냐
(출애굽기 17:3)

성경은 그것을 '여호와를 시험하였다'라고 기록하고 있다. 광야 교회가 비전과 목적을 상실하고 땅의 것만을 구할 때, 모세를 원망하고 하나님을 시험할 때, 원수 아말렉이 이스라엘을 공격해 왔다. 원수 사탄은 지금도 같은 방법으로 교회를 공격해 온다. 그러므로 교회는 하나님을 신뢰하며 주신 말씀과 비전을 굳게 붙잡아야 한다.

넷째, 기도의 능선에 올라 진지를 구축하라!

능선(稜線)은 산등성이를 따라서 이어진 선을 의미한다. 능선에 올라가면 산 아래와 뒤 좌우 양쪽이 한눈에 보인다. 기도의 능선에 올라선 사람들은 하나님의 일하심과 사탄의 움직임을 모두 볼 수 있다. 그러므로 영적 승리의 삶을 살기 위해서는 기도의 능선에 올라가는 것은 필수다.

모세도 아말렉과의 전쟁 상황이 한눈에 보이는 산에 올라 기도했다. 진지(陣地)는 전투 부대의 공격이나 방어를 위한 준비로 전쟁터에 구축하여 놓은 지역을 의미한다. 기도의 능선을 따라 촘촘히 진지가 구축되어 있다고 상상하여 보라! 하나님의 일하심을 보고 발맞추어 나갈 수 있을 것이며 사탄의 공격을 효과적이고 전략적으로 막아낼 수 있을 것이다. 그러기에 주신 비전에 따른 사명을 감당하기에 앞서 온 교회가 기도의 능선에 올라 함께 진지를 구축하는 것은 필수적이다.

다섯째, 믿음으로 기도하라! 기도하면 대진표가 바뀐다.

아말렉과의 전쟁에서 모세는 여호수아를 보내놓고 산으로 올라갔다. 믿음으로 기도한 것이다. 모세의 손이 내려오면 아말렉이 이기고 모세의 손이 올라가면 이스라엘이 이겼다. 기도하면 대진표가 바뀐다. 기도하지 않으면 이스라엘과 아말렉의 싸움이지만 기도하면 여호와 하나님과 아말렉과의 전쟁이 된다.

기도의 용사 다윗은 왕으로 기름 부음을 받자마자 전쟁터로 나갔다. 기도의 사람 다윗이 전쟁터로 나가니 대진표가 바뀌었다. 목동 다윗과 골리앗의 싸움이 아닌 여호와 하나님과 골리앗의 싸움이 되었다.

기도하면 대진표가 바뀐다. 여호와 하나님께서 대신하여 싸우신다. 우리가 만약 기도하지 않는다면 2022년 주신 프로젝트는 이루어지지 않을 것이다. 하늘나라 프로젝트의 성공 여부는 기도하는 자리에서 결정되는 것이다. 공연의 성패는 연습실에서 결정 난다. 나무의 열매는 뿌리에서 결정 난다. 교회의 사역은 기도에서 결정 난다.

21일 기도하는 중에 받은 성령의 감동에 따라 기도에 헌신할 성도들을 모았다. 그리고 새벽과 밤으로 기도하기에 힘썼다. 하나님께서 어떤 새 일을 준비하시기에 기도로 준비시키시는 걸까?

| 여섯번째 이야기

하나님은 인생이 아니시니

하나님은 사람이 아니시니 거짓말을 하지 않으시고
인생이 아니시니 후회가 없으시도다.
어찌 그 말씀하신 바를 행하지 않으시며
하신 말씀을 실행하지 않으시랴?
(민수기 23:19)

✝

2022년 주신 말씀을 통해 하나님께서 어떤 일을 하시겠다는 내면적 감동이 있었다. 그만큼 기대도 컸다. 마치 환상을 본 다니엘이 그 의미를 깨달으려 하여 하나님 앞에 스스로 겸비한 것과 같이 밤마다 텐트 안에서 하나님 앞에 섰다. 마치 여호수아가 가나안을 정복하기 위하여 각 지파에게 정복할 땅의 그림을 그려오라고 명한 것처럼 [주예수 세계선교 비전센터]에 대한 비전을 품고 구체적인 그림들을 그렸다 지우기를 반복했다.

그런데 아무리 생각해도 어떤 재력가가 감동을 받고 몇백억 원짜리 건물을 그냥 준다고 해도 운영할 만한 인력이 부족했고 유지할 자금도 없었다. 지금 교회로서는 감당할 수가 없다는 판단이 들었다.

"아버지! 교회가 좀 더 숫자적인 증가가 되어야겠습니다. 이 비전을 함께 꿈꾸며 이루어 갈 동역자들이 필요합니다. 그리고 주신 사명을 감당하기 위해서는 선교사님들이 편안하게 와서 마음껏 사용할 공간이 있어야 합니다. 아무리 생각해도 단독 건물이 있어야 할 것 같습니다.

단독건물을 소유하려면 종교 부지를 받아야 하는데 지금 나온 종교 부지가 없습니다. 만약 종교 부지가 나와서 우리 교회가 낙찰을 받는다고 해도 설계와 공사하는데 2~3년 정도 소요됩니다. 건축하는 동안은 활발한 사역을 하기 어렵습니다.

물론 준비된 재정은 한 푼도 없습니다. 그리고 이런 중요한 시기에 건축에 시간을 들일 수는 없습니다. 아버지 아무래도 우리는 이미 단독건물로 지어진 교회에 들어가는 것이 딱 좋을 것 같습니다."

말도 안 되는 기도였다. 당시 송도에는 단독교회 건물이 몇 개 없었고 모두 부흥하여 교회마다 주어진 사명을 충실히 감당하고 있었기 때문에 매물로 나올 리가 없었다. 그런데 이 생각이 왜 떠나지 않는지

"아…… 주님……!"

나도 모르게 한숨을 길게 내쉬며 반복해서 기도했다.

6주년부터 나를 잠들지 못하게 한 비전 [주예수 세계선교 비전센터]의 그림은 더욱 명확하고 구체적으로 그려지는데 함께 이 일을 감당할 일꾼들이 부족했다.

"주여! 일꾼들을 보내주옵소서!"

다니엘 기도 18일째 되는 날 밤 하나님께서는 다시 한번 말씀을 주셨다.

> 하나님은 사람이 아니시니 거짓말을 하지 않으시고
> 인생이 아니시니 후회가 없으시도다.
> 어찌 그 말씀 하신 바를 행하지 않으시며
> 하신 말씀을 실행하지 않으시랴.
> (민수기 23:19)

무엇을 어떻게 하시겠다는 구체적인 말씀은 아니었지만 무언가를 분명히 하시겠다는 말씀을 약속으로 받았다.

21일 다니엘 기도가 끝나는 날 탈북민들로 구성된 '남북통일 코리아찬양단'과 선교 협약식이 있었다. 향후 복음 통일을 준비하기 위해서였다. 다니엘 기도 마지막 날이어서 의미가 깊었다.

다음 날은 송도가나안교회 김의철 목사의 '제27대 연수구 기독교연합회'의 회장 취임식이 있었다. 나는 축사순서를 맡아 가나안교회에 방문했다가 한 지인으로부터 뜻밖의 소식을 들었다. 가나안교회 건물이 매물로 나왔다는 것이다. 그런데 이것은 아직 교회 측에서 공식적으로 발표한 내용이 아니라는 것이다. 나는 내 귀를 의심했다.

"정말로요? 송도가나안교회는 건물을 팔지 않는 것으로 알고 있는데요?"

송도가나안교회는 많이 부흥하여 8공구에 더 큰 종교 부지를 받아서 건축 중이었다. 김의철 목사는 지금 있는 가나 안성전을 제2성전으로 계속 사용할 것이라고 말해왔기 때문에 놀라지 않을 수 없었다. 21일 다니엘 기도 중 내가 하나님께 올려드린 단독건물에 대한 기도와 받은 말씀 민수기 23장 19절이 내 머리를 스치며 가슴이 뛰기 시작했다.

'혹시? 주님께서 송도가나안교회 건물을?'

| 일곱번째 이야기

불의 전차

내가 또 주의 목소리를 들으니 주께서 이르시되
내가 누구를 보내며 누가 우리를 위하여 갈꼬 하시니
그 때에 내가 이르되 내가 여기 있나이다
나를 보내소서 하였더니
(이사야 6:8)

✝

2021년 연말부터 계획했던 [불의 전차]가 출발하는 날이다. 불의 전차는 불병거를 타고 하늘로 올라간 엘리야의 사건에서 영감을 받았다. 성령의 불로 활활 타오르는 전차를 타고 대한민국 전역을 돌며 성령의 불을 붙이고 싶었다. 새 일을 행하실 여호와 하나님께 대한민국 전역에서 찬양의 제사를 올려드리고 싶었다.

남북이 복음으로 통일되는 그날을 꿈꾸며, 대한민국 전역이 주의 것임을 선포하는 찬양의 제사를 올려드릴 때 일어날 일들을 영적인 눈으로 바라보았다. 무너진 성이 재건되며 주저앉아 있는 교회들이 일어설 것이다. 그리고 대한민국의 영적인 토양이 완전히 바뀌는 일들이 일어날 것이다.

2017년 제3차 순회 전도 여행 때 리무진 버스를 임대하여 한반도 최남단 해남 땅끝마을부터 강원도 최북단 고성 전망대까지 달린 적이 있다. 이것이 대한민국을 위한 첫 번째 기도 투어였다. 달리는 차 안에서 눈물로 대한민국 땅을 바라보며 복음 통일을 기도했다. 그리고 두 곳에서 메주만 한 돌멩이를 가져다가 기념비를 삼고 기도하며 여기까지 왔다. 복음 통일로 부산에서 이스라엘까지 연결된 왕의 대로가 완성되어가는 것을 상상해 보라! 이 얼마나 가슴 벅찬 소망인가?

두 번째 기도 투어는 하늘에서 이루어졌다. 나는 언젠가 헬리콥터를 타고 대한민국 상공에서 한반도를 내려다보며 이 땅의 부흥을 위해 기도하고 싶었다. 그러나 사적으로 헬리콥터를 띄울 수 있는 방법을 찾지 못했다. 그런데 코로나로 해외여행이 막히면서 인천에서 제주도를 돌아 다시 인천으로 돌아오는 비행 상품이 A 항공사를 통해 일시 판매되었다. 마치 나에게 기도하라고 만들어준 특별상품 같았다.

2020년 11월 28일 드디어 A380 비행기를 탔다. 인천공항을 출발하여 제주도를 돌아 다시 인천공항으로 돌아오는 코스로 비행할 수 있었다. 비행기가 날 수 있는 가장 낮은 고도로 비행했기 때문에 대한민국의 도시와 산천들뿐 아니라 38선과 저 멀리 북녘땅까지 선명하게 보였다. 코로나 팬데믹 기간에 기가 막힌 대한민국 공중 기도

투어가 이뤄진 것이다. 이렇게 대한민국 전역을 내려다보며 기도할 수 있었다.

세 번째는 2021년 8개 시, 5개 광역시, 1개 특별자치시, 제주도, 독도까지 대한민국 전역을 돌며 '대한민국을 전도하라! 그리고 부흥하라!'라는 제목으로 기도 투어를 했었다. 이번이 대한민국 기도 투어 네 번째가 되는 셈이다.

세상은 이론, 교훈, 교양, 계몽으로 바뀌지 않는다. 오직 하나님의 말씀으로 바뀐다. 하나님의 말씀이 역사하기 위해서는 먼저 영적인 토양이 바뀌어야 한다. 우리 교회는 영광스러운 그 일에 기쁘게 헌신하였다.

내가 누구를 보내며 누가 우리를 위하여 갈꼬 하시니
그 때에 내가 이르되 내가 여기 있나이다 나를 보내소서
(이사야 6:8)

[불의 전차] 투어를 출발한 지 얼마 지나지 않아 휴게소에 들렀다. 나는 송도가나안교회 김의철 목사에게 전화를 걸었다. 가나안교회 건물을 매물로 내놓을 계획인지 확인하기 위해서였다.

원래는 가나안교회 건물을 모두 사용할 계획이었으나 코로나로 인하여 건축 자재값이 폭등하면서 건축비가 2배 정도 더 들어가게 되었고, 건축 관련 규정이 변경되면서 공정 기간도 길어져서 부득이 현 교회 건물을 내놓을 계획이라고 했다. 그런데 공식적으로 말한

사람이 내가 처음이라고 한다. 금액은 자그마치 120억 원이었다. 우리 교회가 어떻게 해 볼 수 있는 금액이 아니었다.

21일 다니엘 기도에 올려드린 기도를 떠올렸다. 그리고 약속으로 주신 민수기 23장 19절 말씀도 다시 떠올렸다. 내 안에서 두 마음이 싸우기 시작했다. 말씀을 따라 행할 것인가? 현실을 보고 결정할 것인가? 일단 [불의 전차]에 온 힘을 기울이기로 했다.

우리 팀은 가는 도시마다 찬양의 제사를 올려드렸다. 이사야 6장 2절에 스랍들의 예배가 나온다. 여섯 날개를 가진 스랍들은 두 날개로 얼굴을 가리고 두 날개로 발을 가리고 두 날개를 펄럭이며 이렇게 찬양한다.

"거룩하다. 거룩하다. 온 땅에 충만하도다"

하나님의 영광스러운 임재가있는 예배, 우리는 온 땅에서 스랍들의 찬양과 같은 온전한 예배가 올려지기를 기도했다.

투어 마지막 날 동해안으로 쭉 뻗은 고속도로를 달려오는데 'WAY MAKER' 찬양이 입에 맴돌았다. 잘 생각해 보니 21일 다니엘 기도가 끝난 2일 후인 23일에 김의철 목사 '연수구 기독교 연합회 회장 취임식'에 갔을 때 그 교회 청년들이 특송으로 부른 찬양이었다. 'WAY MAKER'를 들으며 고속도로를 달리는데 하염없는 눈물이 났다.

"주님! 이 도로가 군사 도로로 사용되지 않게 하옵소서! 이 도로가 북한을 지나고 중국, 러시아, 몽골을 지나 이스라엘까지 복음을 실어 나르는 도로가 되게 하옵소서! 새 길을 만드시옵소서! 큰 기적을 행하시옵소서!"

| 여덟번째 이야기

불안하십니까?

"나는 더이상 하나님께서 교회에게 말씀을 주시지 않을까봐 불안했다."

[불의 전차] 투어를 은혜롭게 마쳤다. 그러나 여전히 내 안에서는 두 마음이 싸우고 있었다. 김의철 목사와 교회 건물 매각 건에 관한 통화를 한 이후 이 갈등은 계속되었다. 말씀을 따라 행할 것인가? 현실적으로 판단할 것인가? 무엇보다 먼저 이 일이 하나님께서 시작하신 일인지 확증을 받아야 했다. 나는 무릎을 꿇었다. 그리고 지난날 하나님께서 행하신 일들을 그분 앞에서 되짚어 보았다.

"주님! 주님께서는 제가 구원받은 그날부터 부흥에 대한 갈망으로 가슴이 터지게 하셨습니다. 말씀에 순종하여 다니던 회사를 그만두고 목회자가 되었습니다. 말씀에 순종하여 어린 자녀 둘을 데리고 필리핀 선교사가 되었습니다. 그리고 말씀에 순종하여 사랑하는 필리핀 동역자들과 성도들을 남겨놓고 미국에서 이민자 목회를 했습니다. 그리고 말씀에 순종하여 다시 고국으로 돌아왔습니다.

오랜만에 돌아온 고국은 이국땅처럼 낯설었습니다. 어디로 가야 할지도 몰랐습니다. 교회가 없어 산에 올라 일 년간 매일 기도했습니다. 그런데 주님께서는 빈손으로 온 저에게 송도주예수교회를 주시고 사랑스러운 동역자들을 보내주셨습니다. 저는 너무도 큰 은혜를 받았습니다. 송도주예수교회가 6주년이 될 동안 주님께서는 교회를 말씀으로 인도해주셨습니다.

대한민국을 전도하라! 부흥하라! 하셔서 대한민국 전역을 돌며 기도하고 찬양하였습니다. 그런데 주께서 생각지도 않게 [주예수 세계선교 비전센터]에 대한 비전을 주셨습니다. 그리고 올해 '내가 새 일을 행하리라!'라는 이사야 말씀을 약속으로 주셨습니다. 그리고 21일 다니엘 기도 중에, 주신 사명을 감당하려면 다 지어진 난독건물이 필요하다는 억지 같은 기도 중에 민수기 23장 19절 말씀을 주셨습니다.

그런데 놀랍게도 21일 다니엘 금식기도가 끝난 다음 날 송도에 종교 부지에 건축된 단독교회 건물이 매물로 나왔다는 소식을 들었습니다. 주님! 우연입니까? 하나님께서 하신 일이십니까? 이 건물을 우리 교회에게 주시겠습니까?"

지난 시간을 되짚어 보아도 이것은 하나님께서 행하시는 일이 분명했다. 때마다 너무도 정확한 말씀으로 확증해주셨기 때문이다. 교회 안에는 하나님의 음성을 듣는다고 하는 사람들이 많다. 그리고 예지적인 꿈을 꾼다는 사람들도 많다. 그러나 나는 사람의 감정이나 음성, 꿈에 의지하지 않는다. 완전히 배척하는 것은 아니다. 그러나 말씀으로 확증되지 않은 것은 크게 의미를 두지 않는다. 하나님께서는 여전히 기록된 말씀으로 당신의 뜻을 말씀하신다고 믿기 때문이다.

그런데 이 일이 하나님께로 부터 시작되었다는 확신이 들자 마음에 불안이 몰려오기 시작했다. 하나님의 말씀이 떨어졌다. 나의 형편이 어떠하든지 하나님의 말씀이 떨어지면 순종하는 것이 맞다. 그런데 성도들이 눈에 아른거렸다. 왜냐하면 하나님께서 행하시는 일은 반드시 대가 지불이 필요하기 때문이다. 이 일을 함께 감당하게 될 성도들도 대가 지불을 요청하실 것이다.

우리 교회 성도들의 형편을 빤히 알고 있는 나는 성도들에게 하나님께서 주신 이 비전과 일들을 말할 용기가 나지 않았다. 우리 교회 성도들은 다른 교회에 비해 믿음이 순수하고 충성과 헌신도가 높다. 그러나 120억 원이라는 금액을 감당하기에는 너무 연약한 교회였다. 분명 뒤로 쳐지는 성도들이 생겨나고 끝내 시험에 드는 성도들이 생겨날 것이라는 생각이 너무 큰 부담으로 다가왔다. 나는 새벽 십자가 밑에 무릎을 꿇고 이렇게 기도했다.

> "주님! 이번에는 안 되겠습니다. 이번만큼은 주님 주신 말씀에 순종하지 못할 것 같습니다."

괴로웠다. 불안했다. 하나님의 말씀을 순종하지 않는 교회에 더 말씀을 주시지 않을 것 같아 두려웠다. 하나님의 영이 교회를 떠나실 것 같아 불안했다.

그렇게 몇 2~3주가 흘렀다. 2월 25일부터 27일까지 3일간 부흥회가 있었다. 그런데 부흥회가 끝나고 성도 전원이 코로나에 걸려 버렸다. 그렇게 코로나가 극성일 때도 성도들은 거의 코로나에 걸리지 않았다. 그보다 1~2개월 전 성도 한 명이 코로나 양성 반응이 나왔다. 금요기도회부터 주일 예배까지 참석했던 터라 성도들이 자발적으로 모두 코로나 검사를 했었다. 그때 처음 걸린 성도 외에 단 한 명도 코로나에 걸리지 않았었다.

그런데 이번에는 갑자기 전교인 95%가 코로나 양성 반응이 나와 모두 격리되고 말았다. 우리는 이 기간 우리 모두를 한 번에 골방으로 들여보내신 하나님의 뜻을 알아야 했다. 골방으로 들어가 기도에 전념하자는 의미로 '골방 기도' 단체 채팅방을 만들었다. 그리고 시간을 정해놓고 새벽과 저녁으로 합심하여 기도하기 시작했다. 나는 하나님 주신 감동에 따라 3일간 금식기도에 들어갔다. 이때 하나님께서 성경에 기록된 한 사건을 기억나게 하셨다.

역대상 21장에 보면 사탄이 일어나 이스라엘을 대적하고 다윗을 충동하여 이스라엘을 계수하게 했다. (대상21:1) 전쟁은 여호와께 속한 것이었다. 이스라엘의 국력은 군인 숫자의 많고 적음이 아니라 오직 여호와 하나님이 이스라엘의 힘이었다.

그런데 통일 왕국을 이룬 다윗의 마음에 교만한 마음이 들었을까 자신이 치리하는 국가의 국력을 알고 싶었다. 그래서 인구를 계수하게 했다. 다윗은 늘 이스라엘을 여호와 하나님의 것이라 고백하였는데 그 사실을 잊어버리고 자신의 왕국이라고 착각한 것이다. 그 결과는 참혹했다.

혹 삼 년 기근이든지 혹 네가 석 달을 적군에게 패하여
적군의 칼에 쫓길 일이든지 혹 여호와의 칼 곧 전염병이
사흘 동안, 이 땅에 유행하며 여호와의 천사가
이스라엘 온 지경을 멸할 일이든지 라고 하셨나니
내가 무슨 말로 나를 보내신 이에게 대답할지를 결정하소서 하니
(역대상 21:12)

나는 늘 송도주예수교회는 하나님의 것이라고 고백했다. 그래서 이름도 주 예수님의 교회라는 의미로 주예수교회라고 지었다. 그런데 나는 다윗과 같은 실수를 하고 말았다. 이스라엘의 인구수를 계수한 것같이 교인의 수와 교회 재정을 계산했다. 교회의 힘은 오직 여호와 하나님께 있는 것인데, 교회는 예수 그리스도의 것인데 나는 그것을 잊어버린 것이다. 그 결과는 이스라엘이 처한 상황과 같이 참혹했다. 전 교인이 역병에 걸렸다. 눈물로 회개의 기도를 올려드렸다.

그렇게 골방에서 3월을 맞이했다. 내가 처음 소식을 들은 지도 한 달이 훌쩍 지났다. 그렇게 골방에서 회개했음에도 성도들에게 바로 발표하지 못했다. 기획위원들에게만 운을 떼었을 뿐이다. 그런데 그 주에 2천만 원의 건축헌금이 들어왔다. 봉투에는 '보리떡 다섯 개와 물고기 두 마리'라고 적혀 있었다. 기획위원 중 한 명인 류 권사였다. 헌금을 드린 류 권사는 교회의 비전을 알기에 교회 건물을 꼭 사야 할 것 같은데 가지고 있는 것이 적어 오병이어의 기적을 소망하며 헌금을 드렸다고 한다. 이 얼마나 귀한 마음인지!

또 그렇게 두 주간의 시간이 흘러 3월 18일 토요일 기획위원 회의 날이 되었다. 그날 안건은 현재 건물을 구매할 당시 구매사금이 부족하여 전 건물주에게 4억 원의 채무가 남아 있었는데 이 금액을 어떻게 상환할지에 대한 것이었다. 회의가 막 시작되었는데 사전에 아내에게 위급한 일이 생겨 참석하기 어렵다고 했던 김봉우 권사가 급히 문을 열고 들어왔다. 그런데 회의 테이블에 앉자마자 가쁜 숨을 몰아쉬며 이렇게 말하는 것이 아닌가?

"우리 그 건물 사죠! 제가 마중물로 계약금 5억 원을 드리겠습니다."

잠시 적막이 흘렀다.

"목사님 그 건물 우리가 사야 할 것 같아요. 하나님께서 그렇게 말씀하시는 것 같아요."

원래 송도가나안교회 건물구매 관련 사항은 이번 회의 안건이 아니었다. 나는 이 건물구매에 관련 내용을 언제 토의해야 하는지를 고민하고 있을 때였다. 그런데 다른 안건은 그냥 넘어가고 건물구매 관련 안건을 논의하는 회의가 되고 말았다. 계약금은 12억 원이었다. 계약금을 어떻게 마련한다고 해도 중도금과 잔금을 마련할 방법은 전혀 없었다. 회의가 숨 가쁘게 진행되었다.

"일단 지금 교회 건물을 내놓죠!"
"우리가 새로운 교회에 입주하기 전에 지금 건물에서 나가야 하면 어떻게 하죠?"
"우리 그냥 돗자리 펴고 공원에서 예배드려요! 원래 우리 교회는 노방에서 전도를 통해 시작한 교회잖아요!"
"계약금을 지불하고 중도금을 못 준비하면 계약금도 못 받고 이 건물에서도 나가야 하는데, 그럼 어떻게 하죠?"

"그냥 우리 다시 시작하면 되죠! 우리는 목사님만 계시면 돼요. 건물이 교회인가요? 우리가 교회잖아요!"

"우리 하나님께서 새 일을 행하시는 것을 보고 싶어요!"

"내 인생에서 꼭 한번 말씀을 따라 살아보고 싶어요! 그리고 순종으로 약속된 말씀이 이뤄지는 것도 경험하고 싶고요."

"대한민국을 전도하라고 하셨고 부흥하라고 하셨으니까 분명 하나님의 계획이 있으실 거예요. 그것을 보려면 이번에 순종해야 할 것 같아요"

기획위원 만장일치로 안건이 가결되었다. 눈물이 핑 돌았다. 해맑게 웃으며 목사님만 계시면 된다는 기획위원들의 말에 많은 위로를 받았다. 회의가 끝나자마자 기획위원들과 부동산으로 한달음에 달려갔다. 그리고 현재의 교회 건물을 매물로 내놓았다. 부동산에서 거의 일이 마무리되어갈 때쯤 송도가나안교회 김의철 목사에게 전화가 걸려 왔다.

"목사님. 우리 교회 건물 사실 거예요? 다른 몇 군데 교회에서 건물을 달라고 해서 그래도 목사님께 마지막으로 확인해보고 대납해야 할 것 같아서 연락드렸어요!"

"네 목사님 그 건물 우리가 살 거예요. 지금 막 기획위원 회의 마치고 우리 건물도 내놨어요"

그렇게 가나안 프로젝트가 시작되었다. 3년간 전 건물주에게 4억 원을 갚지 못해 고민하던 교회가 두 주 만에 12억 원을 마련하여 120억 원짜리 건물을 계약했다. 우연이었을까? 계약서에 도장을 찍은 날짜는 공교롭게도 2022년 4월 1일 만우절이었다. 현재 건물의 소유등기를 받은 날도 2019년 4월 1일 만우절이었다.

| 아홉번째 이야기

성전 건축 추진위원장의 고백

성전 구매의 마중물이 되겠다는 김 권사를 '성전 건축 추진위원장'으로 임명했다. 김 권사는 회사를 설립하여 부도가 났던 경험도 있었고 그 낮아짐을 통해 하나님 앞에서의 다스림과 훈련을 통과한 경험이 있는 사업가였다. 다시 시작한 회사는 그 분야에서 독보적인 위치까지 성장해 탄탄하게 운영되고 있었다.

나는 하나님께서 김 권사에게 특유의 담대함과 추진력을 은사로 주셨고 본다. 무엇보다 교회에 대한 비전이 확실했고 하나님의 말씀에 순종할 줄 아는 믿음의 사람이었으며 새벽 기도회에 나와 교회 맨바닥에 무릎을 꿇고 부르짖어 기도하는 기도의 사람이었다.

계약금 10%로 계약만 한 상태에서 나머지 90%는 오직 하나님만을 신뢰하는 믿음으로 추진해야 하는 어려운 자리였기에 '성전 건축 추진위원장'을 맡아준 김 권사가 고마웠고 한편으로는 미안했다. 하나님께서는 김 권사가 훌륭하게 '추진위원장'의 직분을 감당할 수 있도록 강하게 붙들어 주셨다.

나는 성전 구매를 추진해가는 그에게서 가나안 땅을 정복해가는 갈렙의 영성을 보았다. 순간순간 닥쳐오는 위기의 때에도 흔들리는 모습을 보이지 않았다. 안될 것 같다는 말을 한 번도 입 밖으로 내지 않았다. 더 놀라운 것은 이 어려운 일을 추진하면서 그의 신앙이 점점 성장하고 견고해졌다.

하나님께서 김 권사를 '성전 건축 추진위원장'으로 어떻게 부르셨고 행하셨는지에 대한 생생한 그의 간증을 기록했다. 왜냐하면 이 일을 추진하시며 행하시는 분은 오직 우리 하나님이시기에 홀로 영광을 받으셔야 하기 때문이다.

■ 성전 건축 추진위원장을 맡으며

야곱아! 너를 창조하신 여호와께서 지금 말씀하시느니라
이스라엘아! 너를 지으신 이가 말씀하시느니라
너는 두려워하지 말라
내가 너를 구속하였고 내가 너를 지명하여 불렀나니
너는 내 것이라.
(이사야 43:1)

하나님의 부르심을 받았을 때 모세와 기드온의 마음이 그랬을까? 물론 성경 속 위대한 하나님의 사람들에게 주어진 사명의 무게와 내게 주어진 사명의 무게는 비교조차 할 수 없다. 그런데도 내가 위로를 받는 것은 그 위대한 사람들도 하나님께서 부르셨을 때 주저했다는 것이다.

"나는 입이 둔한 자이오니 바로가 어찌 나의 말을 들으리이까?"
"주여! 내가 무엇으로 이스라엘을 구원하리이까. 보소서 나의 집은 므낫세 중에 극히 약하고 나는 내 아버지 집에서 가장 작은 자니이다"
"주님! 저는 건축 추진위원장과는 너무 어울리지 않는 사람입니다. 제가 어떻게 그 일을 감당할 수 있겠습니까"

그러나 입이 둔한 자라며 하나님의 명령을 한사코 거절하던 모세를 하나님께서는 출애굽하는 이스라엘의 지도자로 세우셨다. 자신의 연약함을 고백하는 기드온을 하나님께서는 미디안과 싸워 이기는 이스라엘의 지도자로 세우셨다. 세우시기만 하셨는가? 하나님께서 직접 홍해를 가르시고 미디안과 싸우셨다. 동일하신 그 하나님께서 자격 없고 능력도 없는 연약한 나를 송도주예수교회 건축 추진위원장으로 세우셨다. 세우시기만 하셨는가? 성경에 기록된 것과 동일하게 직접 이 일을 추진하셨다.

추진하는 동안 난관이 있을 때마다 강단에서 선포되는 말씀은 나를 다시 일어서게 했다. 추진위원으로 섬기면서 하나님에 대한 나의 믿음은 더욱 견고해졌고 교회를 향하신 하나님의 뜻은 더욱 분명해졌다. 내가 이것을 간증하는 이유는 나의 부끄러움과 연약함이 오히려 하나님의 크심을 나타내기 때문이다.

나는 대학을 졸업한 20대 때부터 사업을 시작했다. 사업은 기대했던 것보다 잘 되기도 했고 안 되기도 했다. 사업이 잘될 때는 물질로 풍요로웠다. 반면 사업이 내리막길을 갈 때는 하염없이 궁핍해졌다. 나의 삶은 처음 외줄 타는 것을 배우는 사람처럼 위태로웠다.

사업이 잘되고 풍요로워지면 세상을 다 가진 것처럼 들뜬 삶을 살았다. 그러나 사업이 어려워지고 궁핍해지면 세상을 다 잃은 것처럼 절망의 늪으로 빠져들었다. 내 삶에서 예수 그리스도는 중요하지 않았다. 그러다 2015년 사업이 완전히 망했다. 부도가 났다. 더 이상 재기할 가능성이 보이지 않던 그때 고향을 찾았다.

아내와 나는 늘 새벽에 기도하시는 어머니를 따라, 마지막 희망을 찾아 기도하기 시작했다. 절망의 늪에서 나를 만나주신 예수 그리스도! 그리고 처음 맛본 구원의 기쁨, 내 삶의 가장 밑바닥에서 이제까지 경험하지 못한 참된 평안과 기쁨을 맛보았다. 나는 외줄에서 내려와 주님의 품에 안겼다. 더 이상 사업의 성공과 실패가 나의 기쁨의 이유가 되지 못했다. 내 기쁨의 이유는 오직 예수 그리스도가 되었다.

푸드트럭을 구입하여 붕어빵과 떡볶이 등 분식을 팔기 시작했다.

그런데 매출이 상상을 초월했다. 항상 장사를 시작하고 4시간이 채 되기도 전에 준비한 재료가 모두 소진되었다. 그러나 사업을 재기하는 재원을 마련하는 것은 역부족이었다.

시간이 지나 주님께서는 사업의 동역자를 보내주셨다. 그리고 새로운 사업의 기회를 주셨다. 신기하게도 사업 아이템을 선정하여 안정적으로 기반을 닦아놓으면 유행처럼 번졌다. 자연스럽게 그 분야에서는 선두 주자가 되었다. 회사는 빠르게 성장했다. 우리 가정의 경제도 점차 회복되기 시작했다. 그러나 이제는 더 이상 경제적 풍요로움 때문에 마음이 들뜨지 않았다. 이 모든 것이 주님께로 부터 왔음을 알았기 때문이다. 우리 부부는 물질의 사용은 온전히 주님의 결정에 따를 준비를 하고 있었다. 다시는 같은 실수를 범하고 싶지 않았기 때문이다.

그러던 중 이사를 오게 되었다. 자연스럽게 지방에서 섬기던 교회를 다닐 수 없게 되었다. 생활은 점점 풍족해졌다. 반면 마음의 평안은 점차 사라졌다. 교회를 정하지 못해 예배 생활과 기도 생활이 무너졌기 때문이었다. 다시 그 평안함에 거하고 싶었다. 빨리 아무 교회나 정착해야 할 것 같았다. 새벽기도를 걸어서 다닐 수 있는 교회 옆으로 당장 이사 가고 싶었다. 그런데 아내의 반대가 너무 컸다.

그날도 늘 다니던 컨벤시아 사거리를 운전하면서 지나가는데 알록달록한 피켓을 든 사람들이 있었다. 피켓 내용이 무척이나 궁금했다. 그래서 가던 길을 돌아 다시 사거리로 갔다.

'예수님이 우리의 구원자이십니다.'

'예수님 믿고 천국 가세요.'

피켓의 전도 문구를 보자마자 가슴이 뭉클해졌다. 전도를 하던 분들은 송도주예수교회 전도팀이었다. 우리 가정은 그 주에 송도주예수교회에 등록했다. 그리고 곧바로 교회에서 가장 가까운 아파트를 반전세로 계약했다.

입주 후 3개월쯤 지났는데 왠지 아파트를 사야 할 것 같은 강력한 느낌이 들었다. 그러나 우리가 살던 아파트는 10년간 시세가 비슷했고 나 역시 전 사업 실패로 신용이 회복되지 않아서 담보대출이 나올 수 있을지도 미지수였다. 그런데 현 사업장의 어떤 사유로 신용이 기적적으로 회복되었고 70%의 담보대출을 받을 수 있게 되자 하나님의 뜻으로 믿고 생애 최초로 아파트를 구입하게 되었다.

그때가 2020년 초였다. 집을 구매하고 얼마 되지 않아 코로나가 본격화되었다. 전 세계 국가들이 앞다투어 돈을 풀기 시작했다. 시장에 풀린 유동성과 부동산 정책이 맞물려 아파트 시세가 왜곡되기 시작했다.

우리는 가지고 있던 1억 5천만 원에 대출 4억 5천만 원을 받아 총 6억 원의 아파트를 구매했다. 그 금액은 10년 전 분양가 정도의 수준이었다. 그런데 구매하고 3개월 후에 1억 원이 넘게 올랐다. 6개월 후에 2억 원, 9개월 후에 3억 원, 1년 후에 4억 원이 올랐다. 그야말로 세상이 미쳐 돌아가는 듯 보였다.

나는 아내와 상의했다. 우리가 집을 가지고 있으면 기분은 좋을 수 있지만 지금의 시세는 정상이 아니었다. 우리는 기분에 치우치지 않고 냉정하게 결정하기로 했다. 아파트를 구매하고 1년 반 된 2021년 8월, 우리는 구매가의 두 배가 넘는 가격인 12억 4천만 원에 계약을 체결했다. 잔금일은 양도세가 면제되는 2022년 1월 19일로 했다.

2022년 새해가 되었다. 회사는 점점 바빠졌다. 새벽 2~3시까지 일하고 잠깐 집에 와서 눈을 붙이고 출근해야 했다. 그러는 동안 한 달 가까이 새벽기도에 참석하지 못 했다. 성전을 사모하던 나는 점점 교회와 멀어졌고 주님과의 관계도 멀어지기 시작했다. 그럴수록 일부러 사업에 집중하기 시작했다.

어느덧 잔금일인 1월 19일이 되었다. 수익은 6억 4천만 원, 투자금 1억 5천만 원 대비 420%의 수익률이었다. 잔금을 보름 남겨놓고 양도세법이 바뀌어 세금도 3천만 원 절약되는 행운까지 겹쳤다. 6천만 원의 십일조와 4천만 원의 감사헌금을 드렸다. 교회 외관이 어두워 2천만 원의 공사도 별도로 진행했다. 이 정도면 하나님께 충분히 드렸다고 생각했다.

그런데 2월쯤인가 어렴풋이 송도가나안교회 성전이 매물로 나왔다는 소식이 들려왔다. 그러나 별로 신경 쓰지 않았다. 왜냐하면 교회 형편이 현재 4억 원의 빚을 걱정하고 있는 상황인데 120억 원 교회 건물에 관심 두는 것 자체가 말이 안 된다고 생각했기 때문이다. 솔직히 나에게 오는 부담이 클 것 같아서 외면하고 싶었다. 이제 나에게도 사업을 확장 시켜 나가야 할 기회가 왔는데 이 물질이 더 큰 물질을 이루려면 지금이 중요한 시기인데 이런 기회를 놓쳐 버릴 수 없었다.

그런데 얼마 후 15년 만에 얻은 아들이 코로나에 걸렸다. 열이 40.5도가 넘어가면서 거의 의식을 잃어가고 있었다. 그런데 마치 주님께서 "그래도 버틸래?"라고 말씀하시는 것 같았다.

아니, 주님이 이렇게 말씀하실 리가 없다. 새 성전 구입에 대한 주님의 마음이 느껴지자 오히려 내가 이렇게 말씀드리며 억지를 쓰고 있는 것이었다.

"주님! 저는 그래도 버틸래요. 충분히 드리고 있잖아요……."

아무 결심도 하지 않았지만, 다행히 아들의 열이 내려갔다.

2022년 3월 17일 금요일 저녁 다음날 토요일 기획위원 긴급미팅 공지가 올라왔다. 기획위원 미팅 때 가나안 프로젝트 이야기가 나올 것 같아서 회사에 급한 일이 있어서 못 간다고 메시지를 보냈다.

회의 후 전화기를 확인하는데 아내에게 부재중 전화가 7통이 와 있었다. 왠지 불안한 생각이 들었다. 급히 전화를 걸었다. 전화를 받은 아내는 머리가 깨질 것 같고 숨이 쉬어지지 않는다며 쓰러지듯 전화를 끊었다. 이후 일정을 모두 취소하고 곧바로 집으로 달려갔다. 집에 도착하기 전까지는 그 심각성을 몰랐다.

집 현관문을 열었는데 아내는 의식이 혼미했고 어머니와 사모님 그리고 심 권사님이 아내를 붙들고 통곡하며 기도하고 있었다. 나는 심장이 덜컹 내려앉았다. 구급대원이 도착했다. 구급대원은 뇌졸중과 뇌출혈을 거의 확신했다. 이미 골든타임도 지난 상태였다. 온몸에 식은땀이 흘렀다. 구급차를 타고 병원으로 이송하는 도중에 아내의 눈이 뒤집히며 의식을 잃어갔다.

코로나가 심각하여 받아주는 병원을 찾기 어려웠다. 죽어가는 아내의 모습에서 천국을 찾아볼 수 없었다. 내가 물질을 놓지 못해서 아내가 죽어간다는 생각이 들었다. 너무 견딜 수가 없었다. 그때가 되어서야 나는 주께 고백했다.

"주님! 주님 뜻대로 할게요. 아내만 살려주세요. 제가 다 내려놓을게요."

구급차 안에서 죽어가는 아내를 붙잡고 통곡하며 회개했다. 드디어 받아주는 병원을 찾았다. 그런데 병원에 도착하자마자 아내의 의식이 점차 회복되기 시작했다. 놀랍게도 CT와 피검사의 모든 결과가 정상이었다.

다음 날, 주님께서는 가지 않으려 했던 기획위원 회의에 나를 강권적으로 참석시키셨다. 주님의 한마디 음성이 들려왔다.

"네가 이 프로젝트의 마중물이 되어라."

회의 시간에 늦어 헐레벌떡 목양실 문을 열고 들어갔다. 회의 테이블에 앉자마자 가쁜 숨을 몰아쉬며 나도 모르게 이렇게 말했다.

"목사님 가나안 프로젝트 진행하시죠!"

나의 입술을 주님이 움직이셨다. 내 인생 첫 집의 매매차익은 주님의 성전을 위해 예비 되었던 마중물이었음을 그날에서야 깨달았다. 건축헌금을 드리고 그날 저녁에 가정예배를 드리며 아내와 이런 대화를 나누었다.

"당신도 알다시피 내가 사업을 하면서 얼마나 큰 우여곡절을 겪었는지 당신은 누구보다 잘 알고 있을 거야. 집의 매매 차액을 사업에 쏟으면 50억 원, 100억 원을 만들 수 있을지도 몰라. 그리고 그럴 계획이었어. 그것을 모두 주님께 드렸으니 사업이 조금만 잘못되면 우리는 예전처럼 엄청난 경제적 고통을 겪을 수도 있어. 이제 둘이 아니라 아이까지 있어서 예전과는 비교도 안 될 정도로 그 고통이 더 클 거야! 정말 괜찮겠어?"

나의 질문에 아내는 이렇게 대답했다.

"여보, 우리가 노점상을 할 때나 지금이나 주님은 동일하신 분이잖아! 나는 당신이 무엇을 하든지 주님께서 당신 사업을 크게 축복하실 거라 믿어. 하지만 지금, 이 순간부터 '너희의 복은 여기까지야' 라고 하셔도 나는 지금 무릎 꿇고 감사의 기도를 드릴 거야! 지금껏 받은 것이 너무 크니까."

아내의 말에 하염없이 감사의 눈물을 흘렸다. 이런 가정을 주셔서 감사했다. 이제는 더 이상 경제적 풍요로움 때문에 마음이 들뜨지 않겠다던 결심도, 모든 물질이 주님께서 주신 것이기에 물질의 사용은 온전히 주님의 결정에 따른다던 결심도 까맣게 잊고, 같은 실수를 범할 뻔한 나를 포기하지 않으시고 끝까지 잡아주신 주님께 감사드린다.

| 열번째 이야기

사가랴는 침묵하고 하나님은 새역사의 문을 여시고

보라 이 일이 되는 날까지
네가 말 못 하는 자가 되어 능히 말을 못 하리니
이는 네가 내 말을 믿지 아니함이거니와
때가 이르면 내 말이 이루어지리라 하더라.
(누가복음 1:20)

†

시간은 빠르게 흘렀다. 현재 사용하고 있는 건물이 팔리는 시간을 고려해서 중도금 날짜를 6개월 후인 9월 30일로 정했다. 금액도 통상적인 것보다 적은 금액이었다. 연약한 우리 교회를 위한 가나안교회의 배려였다. 6개월이 긴 시간인 줄 알았는데 국내 순회전도 여행 다녀오고 기도하고 전도하다 보니 눈 깜짝할 사이에 반년이 지나갔다.

중도금 날짜가 코앞까지 다가왔는데 현 성전은 팔릴 기미가 보이지 않았다. 건물을 보러 오는 사람들은 많았고 일부 계약 단계까지 진행됐지만 결정적인 순간에 모두 취소되었다. 하나님께서 보시기에 기도의 양이 부족했던 것일까? 우리가 향유 옥합을 덜 깬 것일까?

중도금은 현 건물 매도 금액으로 한다는 안일한 생각으로 기도에 전념하지 못했던 것을 회개했다. 계약금 단계에서부터 자신의 힘에 지나치게 헌신한 것 같아 성도들에게도 중도금에 대해서는 큰 부담을 주고 싶지 않았다. 그래서 건물이 팔리면 그것으로 중도금을 하면 된다고 말했었다. 그런데 이것은 나와 추진위원들의 생각이었지 하나님의 계획은 아니셨나 보다.

9월 11일이 되었다. 중도금은 반도 준비되지 않았다. 성도들도 더 이상 주께 드릴 것이 없었다. 오직 하나님만이 유일한 방법이었다. 1967년 3차 중동 전쟁을 '6일 전쟁' 혹은 '6일의 기적'이라고 부른다. 이스라엘을 둘러싼 아랍 연합국들과의 싸움에서 단 6일 만에 승리를 거둔 것은 하나님의 도움 없이는 불가능한 기적적인 승리였기 때문이다. 더 놀라운 것은 6일 전쟁을 통해 출애굽 당시 약속하신 헤브론부터 브엘세바까지의 영토를 모두 회복했다.

우리 교회도 6일 전쟁과 같은 하나님의 전적인 도우심이 필요했다. 나는 9월 11일 저녁 송도가나안교회 옆 공영주차장 모퉁이에 텐트를 쳤다. 그리고 6일 동안 '가나안 정복을 위한 6일 전쟁'을 선포하고 텐트 안에서 하나님 앞에 깊은 기도로 나아갔다. 나는 이렇게 기도했다.

"주님! 방법은 모르겠습니다. 그러나 교회 이름 간판의 중간 세글자만 '주예수'로 바꿔주십시오. 우리 교회로 인하여 가나안 교회 건축 일정이 지장 받지 않게 하옵소서!"

가나안교회 역시 2배 이상 올라버린 건축비는 부담이었을 것이다. 그러한 상황에서 우리 교회가 중도금 날짜를 어긴다면 가나안 교회의 건축 일정에 차질이 있을 수밖에 없다.

낮 동안 자신의 일터에서 열심히 일했던 성도들도 저녁이 되면 삼삼오오 모여 주차장에 돗자리를 폈다. 우리는 주차장에서 찬란하게 빛나는 빨간색 십자가를 바라보며 간절히 기도했다. 간식거리들을 시켜놓고 비전을 나누며 웃다가, 여기까지 인도하신 주님께 감사해서 울다가를 반복했다.

"주님! 우리 앞에 보이는 저 성전에서 주님께서 주신 비전을 따라 바쁘게 움직이는 성도들을 믿음으로 바라봅니다. 주님! 우리의 부족함이 있더라도 주 앞에서 선하게 했던 날들을 기억하시고 우리에게서 비전의 촛대를 옮기지 마옵소서!"

작정했던 6일이 지났다. 8월 말 전후하여 두 가정이 새로 등록했다. 보통은 교회가 건축 중이거나 큰 비용을 드려 새로운 건물 이전을 준비하는 중이라면 교회 등록을 주저한다. 더군다나 현재 우리 교회가 작은 상가교회이기 때문에 더욱 부담을 느꼈을 것이다. 그런데 이 두 가정은 새 성전 이전계획을 알고서도 등록했다. 그리고 작정했던 6일의 기도 기간이 지나고 첫 심방을 받으면서 두 가정 모두 큰 금액을 건축헌금으로 주께 드렸다.

더 놀라운 것은 새로 오신 성도의 지인께서 교회를 찾아왔다. 자신의 평생에 천만 원을 헌금해보는 것이 소원이었는데 드디어 천만 원을 모았다고 한다. 그런데 그분의 인생과 눈물을 갈아 넣은 그 귀한 헌금을 우리 교회의 비전을 위해 하나님께 드리겠다는 것이 아닌가? 이분은 우리 교회로 옮길 계획이 없는 먼 거리에 거주하는 타 교회 성도분이셨다. 우리 성도들 모두 하나님의 일하심에 많은 위로와 힘을 받았다.

그렇게 약속된 9월 30일이 되었다. 그러나 중도금은 다 채워지지 않았다. 그날은 금요일이었다. 금요기도회가 끝나갈 때까지 갑자기 중도금이 채워지는 기적 같은 일은 일어나지 않았다. 기도회를 인도하던 나는 이렇게 기도했다.

"주님! 저는 더 이상 목회를 하지 못할 것 같습니다. 이니 자신이 없습니다. 주의 종으로 부름을 받고 오직 말씀을 따라 여기까지 왔습니다. 그런데 감동 받은 말씀을 강단에서 선포했고, 여기까지 왔는데 이 일이 완성되지 않는다면 저는 더 이상 강단에서 하나님의 말씀을 전할 자신이 없습니다."

나는 '여러분! 수고하셨습니다. 우린 최선을 다했지만 여기까지가 하나님의 뜻인 것 같습니다.'라고 말하며 나를 합리화시키고 싶지 않았다. 성도들의 기도 소리와 부르짖으며 우는 소리가 뒤섞여 애통의 기도가 성전을 뒤흔들었다. 그렇게 기도회 시간이 끝나고 중도금 마지막 기한이 지났다.

기도회가 끝나고 추진위원장이 내 방으로 들어왔다. 눈시울이 붉어진 추진위원장의 눈에 단호함이 서려 있었다.

"목사님! 저는 추진위원장으로서 제 생명을 걸고 임하지 못했습니다. 저는 이미 성전 구입의 마중물이 되라는 하나님의 말씀에 순종했기 때문에 가나안 프로젝트가 중간에 멈춘다고 해도 저는 충분히 최선을 다했다고 생각했습니다. 오히려 저는 더 이상 신경을 쓰지 않아도 되기 때문에 마음이 편할 것 같았습니다.

다만, 가나안 프로젝트가 중간에 멈춘다면 목사님께서 어떠실지 걱정되었습니다. 목사님만 괜찮으시다면 저는 계약금을 날린다고 해도 최선을 다했기에 괜찮다고 생각했었습니다. 그러나 목사님께서 목회를 그만두시겠다고 선포하시는 것을 듣고 제 생각이 하나님의 마음이 아닌 인간적인 생각이라는 것을 깨달았습니다.

하나님께서는 우리 교회가 새 성전에 들어가는 것에 관심 있으신 것이 아니라, 우리 교회에게 주신 사명에 관심이 있으시다는 것을 깨달았습니다. 이제 예전과 같이 하지 않을 것입니다. 하나님께서 주신 사명을 성취할 수 있도록 저와 아내 그리고 제 아이의 미래와 생명까지 드리겠습니다."

자초지종은 이랬다. 내가 강단에서 하나님께 '더이상 목사할 자신이 없다고, 이제 그만두겠다'고 기도할 때 추진위원장은 밖으로 나왔다. 그리고 가나안교회 건물 매매를 돕던 장로님께 전화를 걸어 나에게 말한 내용을 그대로 전달했다. 그랬더니 그 장로님이 이렇게 대답했다.

"딱 한 가지만 묻겠습니다. 권사님 정말 후회하지 않으시겠습니까? 지금 여기서 멈추면 계약금만 손해를 보지만 중도금까지 지불하고 나면 중도금까지 되찾을 수 없게 됩니다."

"우리 목사님께서 목회를 그만두신다고 하는데 제가 생명을 걸어야 하지 않겠습니까?"

이렇게 해서 우리의 사정을 가나안교회 김의철 목사님께 전달했고 하나님의 은혜로 중도금 날짜가 한 달 뒤인 10월 31일로 미뤄졌다. 우리가 잔금을 지불하지 못해 계약이 파기된다고 해도 중도금은 가나안 교회에 귀속된다는 조건이었다. 하나님께서 한 달의 시간을 더 주셨다.

우리는 다음날부터 일주일간 전 교인 금식기도에 들어갔다. 물론 건강이 허락하지 않는 분들은 하루 1끼 금식을 했고 대부분의 성도는 온전하게 3일씩 금식하며 전심으로 기도했다. 금식기도가 다 끝날 때쯤 나는 마음이 조급해지기 시작했다. 왠지 모를 불안함도 있었다. 그런 상태로 수개월 전부터 미루고 미뤄 이제는 미룰 수 없는 치과 수술을 하게 되었다. 약해진 잇몸을 보강하는 뼈 이식 수술이었다.

수술은 잘 되었다고 하는데 수술 당일 밤부터 극심한 통증이 찾아왔다. 얼굴은 점점 부어 양쪽 눈을 뜰 수 없게 되었고 얼굴의 실핏줄이 터져 두들겨 맞은 것처럼 멍투성이가 되었다. 잇몸이 부어 기도를 막았다. 숨쉬기가 힘들었다. 통증이 얼마나 극심했던지 머리를 벽에 박아 버리고 싶은 고통, 차라리 8층 아파트에서 뛰어내려 이 통증을 끝내고 싶어질 정도였다. 마약성 진통제로도 좀처럼 가라앉지 않았다. 마치 지옥의 불맛을 보는 것 같았다.

"주님! 곧 연장된 중도금 날짜인데, 성도들을 격려하며 매일 부르짖어 기도하기도 짧은 시간인데 제가 말을 할 수 없으니 어떻게 하면 좋아요."

주님께 신음하며 기도했다. 한참을 지나 세례요한의 출생 과정을 기록한 성경 말씀이 떠올랐다.

보라 이 일이 되는 날까지 네가 말 못 하는 자가 되어
능히 말을 못 하리니 이는 네가 내 말을 믿지 아니함이거니와
때가 이르면 내 말이 이루어지리라 하더라.
(누가복음 1:20)

왠지 모르는 조급함과 불안한 마음의 원인을 하나님께서는 정확하게 짚어주셨다. 나는 믿었다고 생각했는데, 굳건히 말씀을 붙잡고 담대하게 따라왔다고 생각했는데 하나님의 평가는 달랐다.

세례요한의 잉태 소식을 알리는 주의 사자에게 사가랴는 이렇게 대답한다.

"내가 이것을 어떻게 알리요. 내가 늙고 아내도 나이가 많으니이다."

어찌 보면 사가랴의 대답은 당연한 것이었다. 그러나 지극히 인간적인 것이었다. 사가랴는 모세오경을 모두 외우고 있는 제사장이었다. 당연히 아브라함의 아내인 사라가 어떻게 언약의 자녀인 이삭을 잉태했는지 또한 달달 외우고 있을 것이다. 그러나 사라가 이삭을 잉태한 기적이 자기 아내인 엘리사벳에게 일어나리라고는 믿지 못했다.

결국 주의 천사는 사가랴에게 내 말을 믿지 않았다고 말씀하시고 사가랴의 입을 닫으신다. 슬프게도 나 또한 같은 평가를 받았다. 그

리고 두 주간 나의 입을 닫으셨다. 말을 할 수 없을 뿐 아니라 교회도 갈 수 없었다. 극심한 통증은 가실 줄을 몰랐다. 골방에서 신음하듯 기도하는 중 주님께서는 세례요한의 탄생과 우리 교회의 새 성전 구입의 의미를 연결해 주셨다.

주의 모든 계명과 규례대로 흠이 없이 행하는 사가랴 부부는 어찌 된 영문인지 자녀를 잉태하지 못했다. 당시에 자녀는 축복의 상징이었기 때문에 제사장이었던 그는 더 많이 괴로웠을 것이다. 오늘로 치면 성도들 보기에 얼마나 민망했겠는가? 그러니 사가랴 부부는 자녀의 잉태를 위해 많이 기도했을 것이다.

그런데 하나님께서는 사가랴 부부가 자녀를 많이 낳고 가문이 탄탄하게 세워지는 것에 관심을 두지 않으셨다. 하나님의 모든 관심은 새로운 언약 시대인 예수 그리스도의 시대를 준비할 사람을 세우는 것에 있으셨다. 그렇기에 당대 의인이라 인정받는 사가랴 부부의 태를 닫으셨다. 그리고 기도의 양이 채워질 때까지 기다리셨다. 때가 되매 하나님께서는 그 반열의 차례대로 하나님 앞에서 제사장 직무를 행하는 사가랴에게 나타나셨다. 이미 아내는 나이가 많아 잉태의 소망이 끊어진 그때 이렇게 말씀하신다.

"사가랴여 무서워하지 말라 너의 간구함이 들린지라 네 아내 엘리사벳이 네게 아들을 낳아 주리니 그의 이름을 요한이라 하라"

그 후 여섯째 달이 되어서야 천사 가브리엘이 하나님의 보내심을 받아 마리아에게 예수 그리스도의 잉태 소식을 알린다. 사가랴 부부의 기도 양이 더디 채워졌다면 세례요한의 잉태는 늦어졌을 것이다. 그리고 예수 그리스도의 탄생 또한 늦어졌을 것이다. 기록된 말씀에 따라 주의 길을 예비하러 보내심을 받은 세례요한이 먼저 태어나야 했기 때문이다.

세례요한은 예수님보다 6개월 먼저 이 땅에 왔다. 태에서부터 성령 충만함을 받고 이스라엘 자손을 하나님께로 많이 돌아오게 했던 세례요한은 선지자 이사야의 말과 같이 주의 길을 곧게 하라고 광야에서 외치는 자의 소리로서의 사명을 훌륭하게 감당하고 짧은 생을 마감했다.

그가 받은 사명의 비중에 비해 사역의 기간은 매우 짧았고 죽음은 비참했다. 그러나 성경은 여자가 낳은 자 중 세례요한이 가장 큰 자라고 평가한다. 그리고 모든 선지자와 율법이 예언한 것은 요한까지라고 못을 박는다.

율법 시대의 문을 닫는 사명 그리고 예수 그리스도께서 들어오실 새 역사의 문을 여는 것이 세례요한의 사명이었다. 하나님께서는 사가랴를 침묵시키시고 엘리사벳의 태에서 요한을 기르셨다. 이어 새역사의 주인이신 예수 그리스도를 이 땅에 보내신다. 이 말씀을 통해 하나님께서는 우리 교회에도 동일하게 일하실 것이라는 확증을 주셨다.

또한 하나님께서는 우리 교회가 건물을 구입하고 교세가 든든하게 세워지는 것에 관심이 있으신 것이 아니라 그것을 통하여 하나님께서 주신 비전을 성취하는 것에 목적이 있으심을 다시 한번 확증해 주셨다. 하나님께서는 우리 교회를 예수 그리스도의 오실 길을 준비하는 교회, 하나님의 비전을 품고 전력 질주하며 달려가는 교회, 마지막 때 세례요한의 영성이 부어진 교회로 세워주실 것이라고 믿는다. 결국, 하나님께서는 나를 강제 침묵하게 하시고 친히 새 역사의 문을 여실 것이며, 홀로 영광을 받으실 것이라고 확신했다.

10월 23일, 여전히 중도금이 준비되지 않은 10월의 넷째 주일, 2주간의 침묵의 시간이 지나고 강단에 서서 하나님의 말씀을 선포했다. 설교의 제목은 [사가랴는 침묵하고 하나님은 새 역사의 문을 여시고]였다.

하나님께서는 말씀이 강단에서 선포되자 일하기 시작하셨다. 성전 구입을 위한 단체 채팅방에 '노빠꾸'라는 단어가 도배되기 시작했다. 이제 뒤로 돌아갈 수 없다는 뜻이었다. 재정부에서 필요한 총금액과 현재까지 부족한 금액, 새로 헌신 된 금액을 실시간으로 올렸다.

그리고 마침내 부족한 금액이 다 채워졌다. 이것은 기적이었다. 하나님의 기적에 기꺼이 자신의 것을 내어드리며 눈물로 기도한 성도들이 있었기에 가능한 일이었다. 이 글을 통해 사랑하는 성도들에게 다시 한번 고마운 마음을 전한다.

"주님! 부흥을 위해 마중물과 같이 쓰임 받은 주님의 자녀들을 기억하시고 이들을 축복하옵소서! 그리고 주님은 홀로 영광을 받으시옵소서!"

| 열한번째 이야기

거울을 포기한 여인들

그가 놋으로 물두멍을 만들고 그 받침도 놋으로 하였으니
곧 회막 문에서 수종드는 여인들의 거울로 만들었더라
(출애굽기 38:8)

흙을 구워 만든 거울의 기원은 6천 년경에 시작되었다. 그리고 청동 거울은 주전 3천 년경에 이집트에서 발견되었다. 거울의 역사는 인류가 아름다움에 대한 욕망이 얼마나 컸는지를 단적으로 보여준다. 동서고금을 막론하고 아름다움에 대한 욕망은 남자보다 여자가 더 강하다. 그런데도 회막에서 수종 드는 여인들은 자신의 거울을 기꺼이 하나님께 드렸다.

곧 회막 문에서 수종드는 여인들의 거울로 만들었더라
(출애굽기 38:8)

하나님께서는 출애굽을 하고 광야에 이른 모세를 시내산으로 부르셨다. 그리고 십계명과 성막의 설계도를 주셨다. 성막은 사람과 거룩하신 하나님의 만남의 장소였고 예수 그리스도의 십자가 구원을 상징하는 예표였다. 놋 거울로 만든 물두멍은 제사장들이 성막에 들어가기 전 자신을 거룩하게 구별하기 위해 깨끗하게 씻는 물을 담아놓은 큰 대야였다.

그 당시 손거울은 흔하지 않았다. 더군다나 광야에 머무는 상황에서는 더 구하기 어려웠을 것이다. 그러나 성막에서 수종을 들던 여인들은 자신들의 외모를 가꾸는 것을 포기하고 내면을 가꾸는 것을 택했다.

나는 이 여인들을 매일 새벽에 만난다. 새벽마다 화장기 없는 얼굴로 교회에 달려와 하나님 앞에 엎드려 눈물로 기도하는 성도들이다. 그들은 마치 회막에서 수종드는 여인들이 자신의 아름다움을 포기하고 손거울을 주께 드려 물두멍을 만들었던 것처럼 자신의 아름다움을 포기하고 새벽에 달려 나와 교회를 기도로 채워간다. 나는 그 모습이 세상에서 가장 아름답다. 아마 하나님께서도 화장기 없이 눈물로 퉁퉁 부은 얼굴의 모습을 가장 사랑하실 것이다.

그런데 그 기도의 여인들이 새 성전 이전을 하면서 자신을 아름답게 꾸며주었던 귀금속들을 모두 팔아 주께 드렸다. 그뿐 아니라 몇 명의 성도들은 아르바이트를 하면서 건축헌금을 주께 드렸다.

출석 중인 본 교회가 너무 멀어 새벽예배만 참석하시는 권사님이 계셨다. 어느 날 낮에 권사님께서 목양실로 찾아오셨다. 그리고 잠시 주저하시더니 상자 하나를 내밀었다.

"목사님! 별 것은 아닌데 저도 건축헌금을 드리고 싶어서 이걸 가지고 왔어요."

상자를 열어보니 커다란 순금 열쇠가 영롱한 빛을 뿜고 있었다. 부군께서 개인사업을 하시는데 코로나로 현금 사정이 좋지 않아 고민하다가 순금 열쇠를 들고 오셨다고 한다.

한 성도는 잠시 휴식도 취하고 바빠서 하지 못했던 교회 봉사도 마음껏 할 계획으로 오랫동안 다니던 직장을 그만두었다. 그런데 직장에 사표를 제출하자마자 성전 구입이 결정되었다. 그 성도는 자신이 가지고 있는 돈을 모두 건축헌금으로 드렸다. 그래도 교회 건축헌금이 부족하자 직장을 퇴직하고 두 달이 되기도 전에 다시 일터로 나갔다.

원래 다니던 직장보다 급여도 적고 힘든 일이었다. 낮에는 편의점 아르바이트를 하고 새벽에는 영업이 끝난 대형식당에서 청소를 했다. 시집도 안 간 처녀의 고운 손은 세제 물에 닿아 습진이 생겼고 체중이 너무 많이 빠져 금방 쓰러질 것 같았다. 새벽예배를 준비하러 일찍 성전 안에 들어갔던 어느 날 청소를 마치고 홀로 어두운 성전에 앉아 흐느끼며 기도하던 그 성도의 뒷모습을 잊을 수가 없다. 이 외에도 성도들의 눈물겨운 헌신은 이 책에 다 기록할 수 없을 정도다.

새 성전을 허락하시기까지 때마다 주시는 말씀이 있었다. 그리고 그 말씀을 믿음으로 받고 눈물로 기도하며 힘에 지나도록 헌신한 성도들이 있었다. 우리의 힘으로는 도저히 할 수 없는 이 일을 하나님께서는 강권적으로 이끄셨다.

연약하고 작은 교회, 도저히 이 일을 감당할 능력이 안 되는 우리는 하나님의 속도에 맞추는 것이 버거웠다. 그런데도 순종하는 성도들을 보시고 하나님께서는 도움의 손길을 보내주셨다. 새 성전을 허락하신 목적과 주신 비전을 흔들림 없이 이루어 가는 것만이 하나님의 기대에 보답하는 일이라 믿는다.

2023년 3월 12일, 기도한 대로 교회 간판의 중간 세글자가 바뀌었다. 그리고 새 성전에서 첫 예배를 올려드렸다. 우리가 지금 새 성전에서 예배를 드리는 것은 기적이다.

“아버지여! 교회를 향한 성도들이 올려드린 눈물의 기도와 헌신을 기억하옵소서!”

하나님께서는 정말로 '송도가나안교회'의 중간 세글자를 '주예수'로 바꿔주셨다.

제5장

약속대로 주신 새 이름 『창끝』

| 첫번째 이야기

약속대로 주신 새 이름 '창끝'

나는 시온의 의가 빛 같이,
예루살렘의 구원이 횃불 같이 나타나도록
시온을 위하여 잠잠하지 아니하며 예루살렘을 위하여
쉬지 아니할 것인즉
이방 나라들이 네 공의를, 뭇 왕이 다 네 영광을 볼 것이요
너는 여호와의 입으로 정하실
새 이름으로 일컬음이 될 것이며
(이사야 62장 1~2절)

새 성전 이전계획이 전혀 없었던 2022년 1월 첫 주일, 하나님께서 이사야 62장 1~5절 말씀을 주셨다. 설교 제목은 '새 이름을 주리라!' 였다. 나는 말씀을 순비하면서 마음이 감동되어 도통 잠을 이룰 수 없었다. 왜냐하면 하나님께서 놀라운 일을 행하시기 전 먼저 새로운 이름을 주시기 때문이다.

그것은 직분일 수도 있고 이름일 수도 있다. 성경을 보면 하나님께서 이름을 새로 지어주신 여러 사람이 있다. 그리고 사명을 주셨다. 그렇다. 하나님께서 친히 새 이름을 주신다는 것은 사명을 주신다는 것이요, 그 소유가 하나님의 것으로 완전히 바뀌었다는 것을 의미한다. 더군다나 1월 1일 송구영신 예배의 본문은 이사야 43장 18~21절이었다.

새 이름을 주시겠다고 약속하시기 바로 전날 이미 말씀을 통하여 하나님께서 새롭게 행하실 세 가지를 약속해 주신 것이다. 그리고 새로운 이름을 주시겠다고 하신 것이다. 그러니 마음이 격동될 수밖에

1. 내가 새로운 일을 행할 것이라 (이사야 43:19)
2. 내가 너에게 새로운 길을 가게 할 것이다. 이 길은 가보지 않은 길이다. (이사야 43:20)
3. 이 일을 통하여 나를 찬송하게 하리라. (이사야 43:21)

하지만 그때까지만 해도 송도주예수교회에게 진짜로 새로운 이름을 주실 것이라고는 상상하지 못했다.

하나님의 강권하심으로 새 성전 이전 준비가 진행되었다. 나는 강대상 앞에 무릎을 꿇고 끊임없이 하나님께 여쭤보았다.

“아무리 생각해도 우리 힘으로는 도저히 할 수도 없는 이 일을 왜 허락하십니까?”

“주님! 새 성전에서 무엇을 하기 원하십니까?”

그때 주신 감동이 [창끝]이었다. 우리 교회는 지난해 이미 [주예수 세계선교 비전센터] 선포식을 마쳤다. 교회의 설립목적이 ‘선교지향적 교회’를 세우는 것이었기 때문에 이것은 자연스러운 것이었다. 그런데 주님께서는 약속대로 [주예수 세계선교 비전센터]의 이름을 [창끝 선교회]로 바꿔주시고 사명을 감당할 수 있도록 새 성전도 허락해 주셨다. 그리고 지금도 그 사명의 범위를 점점 확장해 주시고 있다.

| 두번째 이야기

'창끝'의 사명

†

로뎀 나무 아래 누워 자는 엘리야에게 숯불에 구운 떡과 한 병물을 전달해주는 누군가가 필요하다. 이것이 하나님께서 창끝 선교회를 세우신 목적이다.

열왕기상 18장은 언제 읽어도 통쾌하다. 바알의 선지자 450명과 아세라의 선지자 400명, 총 850명을 상대로 엘리야 홀로 싸워 이긴 갈멜산의 승리가 기록되어 있기 때문이다. 그래서 엘리야 선지자는 갈멜산에서 여호와의 불을 끌어내린 강하고 담대한 선지자의 이미지를 갖고 있다.

그뿐인가? 엘리야는 응답받을 때까지 기도하는 기도의 선지자이기도 했다. 하나님의 말씀에 따라 비가 올 것 같지 않은 맑은 날씨임에도 아합에게 다시 비가 올 것임을 선포했다. 그리고 바로 갈멜산 꼭대기로 올라가 땅에 꿇어 엎드려 얼굴을 무릎 사이에 넣고 기도한다. 구름 한 점 없어도 포기하지 않고 일곱 번까지 기도했을 때

바다에서 사람의 손만 한 작은 구름이 일어났다. 그러자 비 소식을 알리기 위해 엘리야는 허리를 동이고 아합의 마차보다 앞서 달렸다.

그랬던 그가 하루아침에 비겁한 도망자 신세가 되었다. 갈멜산 사건으로 잔뜩 화난 이세벨이 엘리야를 죽이겠다고 협박했기 때문이다. 여인을 피해 도망가는 것은 엘리야의 이미지와 전혀 어울리지 않는 행동이다. 그것도 갈멜산의 승리를 경험한 바로 다음이 아닌가? 열왕기상 19장에는 이 장면을 이렇게 기록하고 있다.

그가 이 형편을 보고 일어나 자기의 생명을 위해 도망하여 유다에 속한 브엘세바에 이르러 자기의 사환을 그곳에 머물게 하고 자기 자신은 광야로 들어가 하룻길쯤 가서 한 로뎀 나무 아래에 앉아서 자기가 죽기를 원하여 이르되

> "여호와여 넉넉하오니 지금 내 생명을 거두시옵소서 나는 내 조상들보다 낫지 못하니이다"

그런데 로뎀 나무 아래 엘리야의 모습이 왠지 낯설지 않다. 선교사이자 목사인 나는 주위에서 이런 모습을 자주 보았다. 아니 나도 엘리야처럼 로뎀 나무 아래 무작정 누워있고 싶을 때가 있었다. 그들도 엘리야와 같이 하늘의 불을 끌어내릴 것 같은 열정으로 부르짖어 기도하며 믿음으로 말씀을 선포했을 때가 있었을 것이다. 그리고 주님께서 주시는 비전 때문에 가슴이 벅차올라 밤잠을 설치던 날들도 있었을 것이다.

그랬기에 아직도 앳된 선교사 부부는 젖먹이를 데리고 수돗물도 제대로 나오지 않고 냉난방도 제대로 되지 않는 선교지에 그들의 젊음을 심었을 것이다. 그랬기에 수많은 청년이 화려한 미래를 포기하고 자신의 삶을 목회자로 헌신했을 것이다. 그리고 지하 단칸방을 얻어 교회를 개척하고 밤새 눈물을 심었을 것이다.

병든 자에게 손을 얹어 기도할 때 치유가 일어나고, 영혼을 묶고 있는 사탄을 향하여 명령했을 때 소리를 지르며 떠나가기도 했을 것이다. 한 지역이 복음화되고 교회가 성장하며 사역의 열매도 다양하게 맺힌 경험이 있을 것이다. 그런데 어찌 된 일인지 적지 않은 사역자가 로뎀 나무 아래 누워 엘리야와 같은 고백을 하고 있다.

"여호와여 넉넉하오니 지금 내 생명을 거두시옵소서 나는 내 조상들보다 낫지 못하니이다."

이런 상황 속에서 적지 않은 선교사의 가정이 깨어졌다. 겉으로는 아무 문제 없어 보여도 상처가 곪아 터지기 직전인 가정이 적지 않다. 자녀들의 문제로 힘들어하는 가정도 있다. 시간이 흘러 앳된 선교사들의 얼굴에 주름과 검버섯이 생기고 여기저기 아픈 곳이 생기기 시작했다.

이런 상황에서 사역마저 생각처럼 되지 않을 때 그들은 로뎀 나무 아래 앉아 버린다. 그리고 스스로 자신의 상황을 묵상하며 낙심하거나, 뜨겁게 사역했던 시절을 떠올리며 이 정도면 됐다고 스스로를 애써 위로한다. 그렇다면 한국교회 목회자의 사정은 어떨까? 상당히 많은 목회자의 사정도 별반 다를 것이 없다.

그러나 하나님께서는 로뎀 나무 아래 숨어있는 이들을 향하여 이렇게 말씀하신다.

"나의 종아! 너는 엘리야야"

하늘의 불을 끌어내렸던 엘리야! 이교도 선지자들 850명과 홀로 싸워 이긴 엘리야! 기도의 사람 엘리야! 육체의 한계를 초월하여 마차보다 빠르게 달린 유일한 사람 엘리야! 그랬던 엘리야가 바로 다음 날 자신의 신세를 한탄하며 죽여달라고 푸념했을 때 하나님은 결코 책망하거나 훈계하지 않으셨다. 포기하지도 않으셨다. 오히려 하나님의 천사를 보내 엘리야를 어루만지시며 위로하시고 먹이셨다. 영원토록 동일하신 하나님은 여전히 하나님의 사람들을 동일하게 대하신다.

일어나 먹으라
네가 갈 길을 다 가지 못할까 하노라!
(열왕기상 19:6~7)

창끝선교회에게 주어진 사명이 바로 이것이다. 로뎀 나무 밑에 앉아있는 엘리야에게 가야 할 길을 다 갈 수 있도록, 받은 사명을 완수할 수 있도록 떡과 물 한 병을 전달해주는 것이다.

엘리야를 다시 일으켜 세울 떡과 물은 과연 무엇일까?

예수님께서 다시 오실 마지막 때를 준비하는 예리하고 날카로운 말씀의 능력과 성령의 불이다. 이들이 하나님께서 전해주신 떡과 물을 받아 들 때 하늘로부터 부어지는 강력한 하나님의 위로 하심과 사랑으로 인하여 흙먼지를 툭툭 털고 일어날 것이다. 그리고 풀었던 신발 끈을 고쳐 매고 여호와의 산 호렙, 자신의 사명을 향하여 끝까지 달려갈 것이다.

| 세번째 이야기

'창끝'에 담긴 의미

창세 이후로 역사는 그 끝을 향하여 빠르게 달려가고 있다. 그것을 어떻게 알 수 있을까? 성경이 그렇게 말씀하고 계시기 때문이다. 하나님은 태초에 이미 요한계시록의 결말을 정해놓으셨다. 성경은 하나님의 영으로 기록되었기 때문에 한 치의 오차도 없다. 말씀이 그렇다면 그런 것이다.

이 사실을 증명하기 위하여 하나님께서는 각기 다른 시대에 선지자들을 보내 예언하게 하시고 기록하게 하시고 증명하셨다. 선지자가 활동하는 현시점에 대한 하나님의 책망과 훈계, 왜 이런 어려움이 왔는지에 대해 설명하며 하나님의 징계를 선고한다. 그리고 회복을 선포하면서 앞으로 있을 인류의 역사를 예언한다. 성경에 기록된 모든 예언은 성취되었고 역사를 통해 이미 증명되었다.

왜 하나님께서는 각기 다른 시대에 선지자들을 세우시고 예언하게 하시며 그 예언이 성취된 것을 반복하여 증명하셨을까? 많은 이유가 있겠지만 가장 큰 이유는 반드시 요한계시록의 시대가 온다는 것을 말씀하시는 것이라고 믿는다.

요한계시록의 시대가 온다는 것을 확실하게 믿는 사람만이 세상 풍조가 바뀌어도 흔들림 없이 예수 그리스도의 다시 오심을 준비할 수 있기 때문이다. 창끝 선교회는 많은 선지자가 동일하게 예언한 인류의 마지막 때를 준비하기 위해 하나님께서 친히 세우셨다.

창끝의 이름에 담긴 의미는 다음과 같다.

1. 순교 정신으로 무장하라!

"주님 성공하게 하소서…….
높은 자리에 오른다는 것이 아니라
제 삶이 하나님을 아는 가치를 드러내는
전시품이 되게 하소서."

(짐 엘리엇의 일기 중에서)

하나님의 본체이신 예수께서는 죄악으로 더러워진 사람들의 땅에 인간의 몸을 입고 오셨다. 그리고 십자가에 달려 죽으심으로 인류 구원을 완성하셨다. 그뿐 아니라 죽으신 후에는 창에 찔려 그 몸에 남아 있던 물과 피를 모두 쏟아 죄악으로 더러워진 이 땅을 정결케 하셨다. 창끝의 의미에는 예수 그리스도와 그를 따르는 제자들이 창에 찔려 이 땅에 피를 쏟은 순교의 정신을 담고 있다.

그중 한 군인이 창으로 옆구리를 찌르니
곧 피와 물이 나오더라
(요한복음 19:34)

수많은 예수님의 제자들이 십자가의 가르침대로 예수님의 뒤를 따라 순교했다. 젊은 인재로 앞날이 유망했던 짐 엘리엇[8]과 네 명의 친구도 예수님의 가르침대로 아마존 와다니(Waodani) 부족에게 복음을 전하다가 창에 찔려 순교했다. 그들의 나이는 겨우 29세였고 젊은 아내와 어린아이들이 있는 가장이었다.

그들이 순교하자 당시 신문에 '얼마나 불필요한 낭비(unnecessary waste)인가?"라는 제목의 논평이 실렸다. 그 논평은 매우 논리적이었다. 그들이 살아서 선교에 미칠 영향력은 대단했을 것이기 때문이다.

그러나 하나님은 사람의 논리가 아닌 성경의 논리대로 일하셨다. 불필요한 낭비라고 했던 젊은이들의 순교로 인하여 선교사들을 살해한 원주민 중 한 명은 목사가 되었고 와다니 부족은 복음화되었다. 순교자 짐 엘리엇 선교사가 19세이던 휘튼 대학 2학년 때 기록한 일기에는 이렇게 쓰여 있다.

---

8) 짐 엘리엇 선교사 (Jim Eliot, 1927-1956) :1927년 미국 오리건 포틀랜드 출생으로 명문 휘튼 대학(Wheaton College)을 수석으로 졸업한 남미 에콰도르 선교사로 수백 년 동안 외부인들을 다 죽여왔던 와다니족(Waodani)에게 복음을 전하기 위해 경비행기를 타고 친구 네 명과(네이트 세인트, 피트 플레밍, 로저 유드리언) 아마존 정글로 들어갔다가 1956년 29세에 다섯 명 모두 창과 도끼에 의해서 순교한다.

"주님 성공하게 하소서……. 높은 자리에 오른다는 것이 아니라 제 삶이 하나님을 아는 가치를 드러내는 전시품이 되게 하소서."

짐 엘리엇의 기도와 같이 하나님께서는 짐 엘리엇의 삶을 하나님을 아는 가치를 드러내는 전시품이 되게 하셨다. 짐 엘리엇뿐 아니라 창세 이후 순교한 모든 순교자는 하나님을 아는 가치를 드러내는 삶을 살다가 순교의 피를 이 땅에 쏟았다. 그리고 지금도 하나님을 아는 가치를 드러내는 삶을 살기로 결단한 제자들을 찾고 계신다.

이제 머지않아 요한계시록에 기록된 마지막 시대를 맞닥뜨리게 될 성도들에게는 목사나, 선교사나, 평신도 할 것 없이 모두에게 하나님을 아는 가치를 드러내는 삶을 살아내는 순교의 정신이 필요하다. 그 순교의 정신으로 하루하루를 살아내야만 한다. 그래야만 그 시기를 넉넉히 통과할 수 있기 때문이다.

성경의 해석에 따라 차이는 있겠지만 지금 이미 우리는 요한계시록의 시대를 살아가고 있다. 요한계시록 중 중후반부만 남아 있을지도 모른다. 순교의 정신으로 무장하고 깨어 있어야 하는 이유가 여기에 있다.

주의하라 깨어 있으라 그때가 언제인지 알지 못함이라.

(마가복음 13:33)

2. 창끝과 같은 날카롭고 예리한 말씀을 소유하라!

그의 입에서 예리한 검이 나오니
그것으로 만국을 치겠고
친히 그들을 철장으로 다스리며
또 친히 하나님 곧 전능하신 이의
맹렬한 진노의 포도주 틀을 밟겠고
(요한계시록 19:15)

마지막 때 만국을 치는 무기는 그의 입에서 나오는 예리한 검이다. 논란의 여지 없이 '그'는 다시 오실 심판자 재림 예수이며 '입에서 나오는 예리한 검'은 기록된 말씀이다. 심판의 기준은 오직 말씀이다. 하나님의 말씀은 살아있고 활력이 있어 좌우에 날 선 어떤 검보다도 예리하여 혼과 영과 및 관절과 골수를 찔러 쪼개기까지 하며 또 마음의 생각과 뜻을 판단한다. (히 4:12)

그런데 우리가 간과해서는 안 되는 것이 있다. 잠언 15장 23절은 때에 맞는 말이 아름답다고 가르친다. 말씀은 하나님께서 사람에게 전하는 '말'이다. 그러므로 말씀을 맡은 우리는 기록된 수많은 말씀 중에서 때에 맞는 말씀을 찾아 전달해야 한다.

예수님께서는 누가복음 12장 42절에서 주인이 맡긴 종들에게 때를 따라 양식을 나누어 주는 자를 지혜 있고 진실한 청지기라고 가르치신다. 때를 따라 나누어 주어야 하는 양식은 우리의 육체를 살리는 육의 양식이 있고 우리의 영을 살리는 영의 양식인 말씀이 있다. 그러므로 때에 맞는 영의 양식인 말씀을 나누어주기 위해서는 시대의 흐름을 정확하게 인식하고 시대에 맞는 말씀으로 재무장해야 한다.

지금은 마지막 때 중의 마지막 때이다. 세상 사람들도 여러 징조를 보면서 곧 지구가 멸망할 것 같다고 말한다. 하물며 인류의 마지막 때가 계시 된 성경 말씀을 맡고 있는 사역자들이 지금이 마지막 때라는 것을 부인하는 것은 말도 안 되는 것이다.

그러므로 이제껏 십자가 복음만을 전했다면 이제는 달라져야 한다. 한 손에는 구원자로 오신 예수를, 그리고 다른 한 손에는 심판자로 다시 오실 예수를 선포해야 한다.

또한 말씀에 기록된 성령의 능력이 우리의 삶의 현장과 사역에서 가감 없이 나타나야만 한다. 말씀을 선포할 때 병든 자가 치유되며, 악한 영에게 압제당하고 억눌린 자들이 자유하게 되는 일들이 일어나야만 한다. 그러기 위해서는 창끝과 같은 날카로운 말씀으로 재무장하고 마치 마지막 결전을 앞둔 군사들처럼 담대하게 나아가야 한다.

| 네번째 이야기

'창끝'의 전술 '연합'

모세가 여호수아에게 이르되
우리를 위하여 사람들을 택하여 나가서
아말렉과 싸우라
내일 내가 하나님의 지팡이를 손에 잡고
산꼭대기에 서리라!
(출애굽기 17:9)

한국교회 선교의 역사에서 1960~1980년대를 빼놓을 수 없다. 해방 이후 한국교회는 폭발적인 성장을 이루었다. 천막을 치고 돗자리만 깔아도 사람들이 구름 떼처럼 몰려들었다. 물이 새는 지하 단칸방에 교회를 개척해도 얼마 지나지 않아 발 디딜 틈이 없었다.

우리네 믿음의 어머니 아버지들은 냉난방도 제대로 되지 않는 그 지하에서 밤새 철야를 했고 다음 날 동이 터오는 새벽까지 기도를 멈추지 않았다. 농사일과 공장일로 몸이 피곤하고 지쳐도 말씀을 펴 읽었다. 궁핍한 삶이었지만 하나님께 드리는 것을 아끼지 않았고 주의 몸 된 교회를 사랑했으며, 주의 종을 성심을 다해 섬겼다.

하나님께서는 이런 한국교회에게 세계 열방을 품게 하셨다. 교회마다 선교사로 지원하는 청년들이 생겨났고 교회는 이들을 선교사로 파송했다. 우리네 믿음의 부모님들은 자신의 배를 곯아 가며 선교사를 후원했고 기도를 쉬지 않았다. 그 결과 한국교회는 선교 강국이 되었다. 그런데 어찌 된 일인지 한국의 선교 상황은 예전 같지 않다.

세상을 지배했던 열강들이 쇠퇴한 원인은 동서고금을 막론하고 거의 비슷하다. 정치의 부패, 개인의 욕망을 위한 정당 정치 그로 인한 내부의 반역과 내전 그리고 국가적 타락이다. 전쟁이 한창일 때는 국가가 한마음이 된다. 이기는 것이 목적이기 때문이다. 전쟁에

2022년 7월 19일
짐엘리엇과 친구들이 순교한 에콰도르 꾸라라이 강(Rio curaray)

서 승리해야만 자신과 자녀들이 안전한 삶을 살 수 있기 때문이다. 그런데 전쟁에서 승리하고 국가의 권력이 막강해지면 국가 존재의 목적이 달라진다.

자신의 욕망을 성취하기 위해 가능한 모든 방법을 동원한다. 왕도, 왕의 자녀들도, 왕비들도, 신하들도, 군인들도, 백성들도 자유롭지 못하다. 그 욕망은 돈과 명예와 쾌락이다. 결국 국가가 분열되고 내전이 일어나며 그 틈으로 외세가 침입한다. 그렇게 세상을 호령했던 열강이 역사 속으로 사라졌다.

그런데 지금 한국교회의 상황이 마치 고대 열강들이 역사 속으로 사라지기 바로 전 상황과 너무도 비슷해 보이는 것은 나만의 생각일까? 아마도 이것을 자신 있게 부인할 수 있는 사람은 별로 없을 것이다. 우리는 여전히 치열한 영적 전쟁 중이다. 물론 예수님께서 이겨 놓은 전쟁이지만 전쟁은 아직도 계속되고 있다. 전쟁은 온 열방이 여호와의 영광을 보는 그날, 예수 그리스도께서 다시 오시는 그날 끝나는 것이기 때문이다.

전쟁의 최전방에서 싸워야 하는 임무가 선교사에게 주어졌다면, 후방에서 군사들이 전력을 다해 싸울 수 있도록 훈련된 군사를 투입하고 군수 물자를 지원해야 할 임무가 교회에게 주어졌다. 후방의 교회가 이 임무를 충실히 수행해야만 전방의 선교사들이 승리할 수 있다.

주님은 이미 십자가 위에서 전쟁을 알리는 깃발을 높이 드셨다. 그리고 이렇게 말씀하신다.

"교회여 일어나라!"

전쟁에서 승리하기 위해서 먼저 해야 하는 것이 연합이다. 사탄은 누구인가? 틈을 내는 자이다. 교회의 분열된 틈으로 살며시 들어와 그 틈을 더 벌린다. 그러나 바위와 같이 단단히 연합되어 있다면 사탄은 들어올 수 없다.

그렇다면 누가 연합해야 하는가?

교회 안에서 성도와 성도의 연합이 있어야 한다. 교회와 교회의 연합이 있어야 한다. 교단과 교단의 연합이 있어야 한다. 선교사와 현지 교회와의 연합이 있어야 한다. 교회와 선교사와의 연합이 있어야 한다. 예수 그리스도의 이름을 부르는 모든 자는 연합해야 한다. 그리고 연합의 목적은 오직 하나이다.

"주 예수여! 속히 오시옵소서"

| 다섯번째 이야기

'창끝'의 비전

†

로뎀 나무 그늘에 앉아있는 엘리야를 다시 일으켜 세워라! 그리고 한 도시를 완전히 복음화할 수 있는 영적 전사로 무장 시켜라!

창끝의 비전은 로뎀 나무 그늘에 앉아있는 엘리야 같은 사람들이 그들의 사명을 향해 다시 달려갈 수 있도록 일으켜 세우는 것이다. 마지못해 몸을 비비 꼬며 일어나는 것이 아니라 두 눈에는 비장함이 서려 있을 것이다. 그의 손에는 어떤 검보다 예리한 말씀이 들려 있을 것이다. 그리고 다른 한 손에는 한 도시를 완전히 복음화할 수 있는 선략이 들려있을 것이다.

한 도시를 완전히 복음화할 수 있는 창끝의 비전을 다섯 가지로 정리할 수 있다.

첫째, 대한민국 교회가 선교 지향적 교회를 넘어, 예수님이 다시 오실 마지막 때를 준비하는 교회로 방향 전환을 이루어 자립(自立),

자전(自傳)하도록 전략적 지원을 한다.

둘째, 선교사 후보생들을 발굴 훈련하여 파송한다.

셋째, 이미 전 세계 파송되어 사역하고 있는 선교사들이 다시 창끝처럼 예리한 말씀과 영성과 전략으로 재무장할 수 있도록 돕는다.

넷째, 선교사를 통하여 세워진 현지인 교회들이 선교 동력화할 수 있도록 돕는다.

다섯째, 이 일을 위하여 선교적 부르심을 받은 사명자들과 함께 파트너십으로 동역한다.

예수 그리스도의 다시 오심을 준비하는 교회는 선교 지향적 교회를 넘어, 마지막 때를 준비하는 교회로 변화되어야 한다. 그리고 기존의 틀에 박힌 패러다임을 넘어서야 한다. 그래야 어린양 예수가 어디로 인도하든지 신속하게 방향 전환을 이루며 달려갈 수 있기 때문이다.

이를 위하여 송도주예수교회는 개척 3개월 만에 1차 국내 순회전도 여행을 시작했다. 그리고 이듬해 2월 1차 해외 단기 선교를 다녀왔다. '송도주예수교회'는 곧 '창끝 선교회'다. 교회의 설립목적이 창끝 선교회의 목적과 같으므로 서로 불가분의 관계다.

나는 미국에서 한국으로 들어오면서 한국교회가 다시 살 방법은 국내외 할 것 없이 '순회전도 집회'라고 생각했다. '순회전도 집회'

는 훈련된 전도팀과 함께 국내의 교회들과 타 문화권 선교지를 순회하며 지옥의 권세가 두려워 떠는 교회가 세워지도록 돕는 것이다. 교회의 목적과 선교지의 목적은 같다. 영혼 구원이다. 그리고 영혼들을 잡은 지옥의 권세를 꺾는 것이다. 다만 이 일을 수행하면서 각자의 역할이 조금 다른 것뿐이다.

순회전도 집회의 목적은 교회를 맡은 목회자를 회복시키고 다시 날카로운 말씀으로 무장할 수 있도록 돕는 것이다. 이럴 때 가슴속 깊이 묻혀 버렸던 부흥에 대한 갈망이 다시 타오를 것이다. 또한 교회에 중보기도 팀을 세우고, 전도팀을 세워 온 교회가 전성기(전도, 성경, 기도로 무장된 삶)의 삶을 살 수 있도록 돕는 것이다. 그리고 이 시대가 어디쯤 와있는지 말씀으로 풀어 설명하고 선교 지향적 교회를 넘어, 예수님이 다시 오실 마지막 때를 준비하는 교회로 변화되도록 돕는 것이다.

이렇게 한 교회가 강력한 교회로 세워지면, 주변의 교회들에게 선한 영향력을 끼치는 선순환적 일이 일어나게 될 것이다. 그렇게 되면 결국 대한민국의 모든 교회가 살아나고 다시 선교 주도 국가가 되지 않겠는가? 선교 대국이란 하나님의 강력한 군대가 된다는 뜻이니 얼마나 가슴 벅찬 일인가?

그런데 이 일은 한 번의 순회전도 집회만으로는 한계가 있다. 지속적인 훈련과 교류가 필요하다. 그리고 교회마다 강점이 각기 다르고 돌파를 경험한 분야가 다르다. 그러므로 전술을 함께 교류하며 배우고 교정해 나가는 지속성이 필요하다.

순회전도 집회의 역할은 다음과 같다.

첫째, 순회전도 집회를 통해 교회 구성원 전체가 전성기의 삶을 누릴 수 있도록 돕는다. 전도를 실천하고 성경 말씀을 읽고 기도하는 것은 승리하는 그리스도인의 삶을 위한 가장 기본이며 동시에 교회가 꾸준히 가르쳐야 할 행동강령이다. 전성기의 삶을 살 때 지옥 권세가 두려워 떠는 강력한 성도, 강력한 교회가 된다.

둘째, 교회마다 전도팀, 중보 기도팀이 세워지고 활성화될 때 그 교회는 자립(自立) 자전(自傳)하는 교회가 될 수 있다. 또한, 다른 교회와 연합하여 선한 영향을 주는 교회가 되어 본 교회는 물론 이웃 교회도 함께 성장해 나갈 수 있다. 교회가 성장하려면 가장 필요한 것은 기도 분량의 임계점을 돌파하는 것이다. 그래서 교회는 전략적인 중보 기도팀을 세우는 것과 꾸준한 훈련이 필요하다. 그럴 때 천국 열쇠를 사용할 줄 아는 강력한 중보 기도팀이 될 수 있다.

영혼을 구원하고 제자 삼는 것은 주님께서 이 땅에 교회를 세우신 목적이다. 그러기에 교회 안에 전도팀을 세우고 전도 대원으로 헌신하는 이들에게 무엇을 전해야 할지 복음의 핵심 메시지와 개인전도, 축호전도, 노방전도, 관계전도 등 상황에 따라 언제든 복음을 전할 수 있는 다양한 전도 방법을 훈련하는 것이 필요하다.

영혼을 구원하는 전도와 교회를 위한 중보기도는 우리 주님께서 가장 기뻐하시는 일이다. 이 일에 헌신한 사람들은 목회적 관점에서 볼 때 너무나 건강한 삶을 누리는 것을 본다. 나아가 전 성도가

이 같은 삶을 살아가도록 가르치고 훈련하는 것이 목회의 본질이라고 믿는다.

셋째, 사역자 세미나를 통해 마지막 때에 대한 이해와 교회의 역할을 정립한다. 교회는 그리스도의 몸이다. 예수 그리스도를 머리로 모신 개인이 교회이며 각 개인이 모여 지역교회가 되었다. 지역교회 역시 한 몸을 이뤄 단체 성전이 되었고 나아가 우주적인 연합이 거룩한 성 새 예루살렘 즉 어린양 예수 그리스도의 신부다(요한계시록 22장 1, 2절).

한 몸을 이루고 있으나 각 지체의 역할이 다르듯 교회 안에서 각자에게 맡겨주신 역할도 다르다. 나아가 교회마다 각기 주어진 사명과 역할이 다르다. 교회마다 건강한 성장을 이루고 맡겨주신 사명을 완수할 때 교회는 지역사회 안에, 나아가 나라 전체 그리고 확대된 개념으로서 세계 복음화를 이룰 수 있다.

그러기 위해서는 이 시대를 날카롭게 분석할 수 있는 성경해석 능력과 영적 분별력 그리고 교회의 역할에 대한 정립이 선행되어야 한다. 그래야만 모든 교회가 같은 방향을 향해 전력 질주할 수 있기 때문이다.

개인적인 차이는 있겠지만 기본적인 생활조차 빠듯한 선교비, 무더위와 수위, 한국에서는 보지 못한 해충들과 전갈과 같은 위험들, 풍토병, 적응하기 어려운 음식들과 익숙하지 않은 언어, 안전하지 않은 치안 상황, 열악한 의료환경과 교육 환경 등 여러 이유로 선교지에서의 삶은 쉽지 않다. 그에 더하여 선교사들은 이교도들의 땅에서 이방인으로 살아야 한다. 이들이 매일 매일 치러내야 하는 영적 전쟁은 상상을 초월한다. 이런 상황 속에서 적지 않은 선교사들의 가정이 사탄의 표적이 되어 집중 공격을 받고 있다. 아니 모든 선교사가 그렇다고 보아야 한다.

그래서 다음과 같은 차별화된 프로그램이 필요하다.

1. 치유와 회복 (Promotes Healing)
2. 연장 교육 (Provides Extentional Training)
3. 재 파송 (Renewed Comissioning)
4. 계속 지원 (Continued Support)
5. 연합과 네트워킹 (Unity and Networking)

이 같은 과정이 창끝 선교회를 통하여 제공된다면, 이미 선교 현장에서 사역 중인 선교사들이 다시 창끝처럼 예리한 말씀과 영성과 전략으로 재무장하게 될 것이다. 그리고 선교사를 통하여 세워진 현지인 교회들도 자국을 복음화하고 선교 동력화되어. 또 다른 나라에 선교사를 보내는 선교 지향적 교회로서의 선순환이 반복해서 이루어질 것이다.

제6장 ㅡ Empower Next Generation, 28분 엔진(E.N.Gen) 기도회

28분 엔진 기도회

Empower Next Generation

E.N.Gen

말씀과 성령의 능력으로 권능을 받은 다음세대!

| 첫번째 이야기

말씀과 성령의 능력으로 권능을 받은 다음 세대

†

'Empower Next Generation'은 '말씀과 성령의 능력으로 권능을 받은 다음 세대'라는 의미이다. 왜 다음 세대가 말씀과 성령의 능력으로 권능을 받아야 하는가? 시편 110편에는 우리가 너무도 잘 아는 말씀이 있다.

주의 권능의 날에
주의 백성이 거룩한 옷을 입고 즐거이 헌신하니
새벽이슬 같은 주의 청년들이 주께 나오는 도다.
(시편 110:2 개역개정)

성경에는 분명히 주의 권능의 날에 새벽이슬 같은 주의 청년들이 주께 나온다고 기록되어 있다. 이 말씀을 쉬운 성경으로 보면 그 뜻을 더욱 명확하게 알 수 있다.

주의 백성이 스스로 원하여,
주의 권능의 날에 참여할 것입니다.
거룩하고 위엄 있게 단장한,
새벽에 맺히는 이슬처럼 신선한 청년들이
주님께 나올 것입니다.
(시편 110:3 쉬운성경)

거룩하고 위엄 있게 단장한 청년세대, 새벽에 맺히는 이슬처럼 신선한 청년세대는 바로 하나님의 말씀으로 단장하고 성령의 능력으로 권능을 받은 다음 세대를 의미한다. 성경에 기록된 청년 중 대부분은 말씀으로 자신을 단장한 새벽이슬과 같은 주의 청년들이었다.

족장 야곱의 아들이었던 소년 요셉은 애굽의 노예로 팔려 간다. 요셉을 노예로 팔아버린 사람들은 다름 아닌 요셉의 형들이었다. 그런 상황에서도 요셉은 하나님 앞에서 행동하는 것처럼 살아간다.

이 집에는 나보다 큰 이가 없으며
주인이 아무것도 내게 금하지 아니하였어도
금한 것은 당신뿐이니 당신은 그의 아내 임이라.
그런즉 내가 어찌 이 큰 악을 행하여
하나님께 죄를 지으리이까?
(창세기 39:9)

하나님은 이런 요셉을 때에 따라 먹을 양식을 나누어줄 하나님의 사람으로 세워 세계를 살리셨다.

온 지면에 기근이 있으매
요셉이 모든 창고를 열고 애굽 백성에게 팔새
애굽 땅에 기근이 심하며
각국 백성도 양식을 사려고 애굽으로 들어와
요셉에게 이르렀으니
기근이 온 세상에 심함이었더라
(창세기 41:56~57)

다니엘은 유다를 함락시킨 바벨론의 포로로 끌려간다. 다니엘의 이름은 '하나님은 나의 심판자'라는 뜻이다. 그러나 바벨론의 포로가 된 그는 '벨이여 그의 생명을 지켜주옵소서'라는 뜻을 담은 바벨론식 이름인 벨드사살로 이름이 바뀌었다. 정말 놀라운 것은, 다니엘이 바벨론의 포로로 끌려가 강제로 바벨론 신의 이름으로 바뀌었음에도 여호와 신앙을 지켰다는 것이다. 그것도 대제국 바벨론에서 탄탄대로를 달릴 수 있는 보장된 위치에 있었음에도 모든 것을 포기하고 믿음을 지킨 것이다.

그런 다니엘에게 하나님은 인류의 미래를 보여주신다. 그뿐 아니라 마지막 날에 이스라엘 백성이 당할 일을 깨닫게 하시고 기록하게 하셨다.

그가 이르되 다니엘아 갈지어다
이 말은 마지막 때까지 간수하고 봉함할 것임이니라
(다니엘 12:9)

요셉과 다니엘뿐 아니라 사무엘, 다윗, 세례 요한, 디모데 등 많은 성경 속 위인들은 어린 시절부터 하나님의 말씀을 경외하고 성령에 감동되었다.

앞에서 언급했듯이 성경은 주의 권능의 날에 새벽이슬과 같은 주의 청년세대가 무수히 일어날 것을 말씀하고 있다. 이 예언된 말씀이 이루어지기 위해서는 우리의 자녀 세대가 말씀과 성령의 능력으로 권능을 받아야만 한다. 그리고 그 일은 꼭 이루어질 것이다.

그 후에 내가 내 영을 만민에게 부어 주리니
너희 자녀들이 장래 일을 말할 것이며
너희 늙은이는 꿈을 꾸며 너희 젊은이는 이상을 볼 것이며
(요엘 2:28)

그래서 우리는 우리 교회 주일학교 학생뿐 아니라 일반 학생들도 참여할 수 있는 'JEBS 정철영어성경학교'를 약 2년 전부터 매주 토요일에 무료로 운영하고 있다. 우리 교회의 부흥만을 위해서라면 주일에 운영할 수도 있었다. 그러나 우리 교회 자녀들뿐 아니라 대한민국의 모든 자녀가 어린 시절부터 말씀과 외국어에 능통하여,

어느 나라를 가든지 복음을 전할 수 있는 주의 청년세대가 용솟음치기를 소망하는 마음으로 토요일 무료 운영을 결정하였다.

JEBS의 무료 운영을 위해서는 정말 많은 교사들의 헌신과 재정이 투입되어야 했다. 많은 교사가 현지인 못지않은 영어 실력을 갖추었으며, 모든 교사는 다음세대를 향한 그리스도의 심장을 갖고 있다. 그런 교사들이 매주 토요일 자신의 시간과 재능을 드려 이 일에 헌신하고 있다. 이들의 헌신과 수고는 약속하신 말씀들이 열매로 나타나고 있다.

28분 엔진(E.N.Gen) 기도회

지금은 지나온 어떤 시대보다 믿음을 지키기가 쉽지 않은 시대이다. 그러나 성경은 마지막 때에 새벽이슬 같은 주의 청년세대가 주께로 나온다고 약속하고 있다. 그렇다면 우리는 기록된 약속이 이루어질 때까지 인내하며 잠잠히 기다리면 되는 것일까?

황폐한 이스라엘이 회복될 것임을 말씀하시던 하나님은 에스겔서 36장 36절에서 이렇게 말씀하신다.

그래도 이스라엘 족속이
이같이 자기들에게 이루어 주기를
내게 구하여야 할지라.

그래서 우리는 28분 엔진(E.N.Gen) 기도회를 시작했다.

E.N.Gen에서 E는 Empower, N은 Next, Gen은 Generation을 의미한다. 즉, '말씀과 성령의 능력으로 권능을 받은 다음 세대'를 의

미한다. 이것을 줄여 '엔진'으로 명명하기로 했다. 엔진(Engine)은 열에너지, 전기 에너지, 수력 에너지 따위를 기계적인 힘으로 바꾸는 장치로, 주로 열에너지를 이용하는 열기관을 말한다. 에너지를 기계적인 힘으로 바꾸는 엔진이 있어야 기계를 움직일 수 있다. 그래서 전기나 연료가 있어도 엔진이 없으면 그 기계는 무용지물이 된다. 우리는 흔히 '자동차는 엔진이 생명'이라고 말한다. 그만큼 엔진은 중요하다. 우리가 E.N.Gen을 굳이 엔진(Engine)이라고 부르는 이유가 여기에 있다.

28분 엔진(E.N.Gen) 기도회는 말씀과 성령의 능력으로 권능을 받은 다음 세대가 부흥의 엔진 역할을 수행하기 바라는 우리의 간절함이 담겨있다. 그런데 아무리 엔진의 성능이 폭발적이어도 연료가 없으면 무용지물이다. 엔진과 같은 다음 세대를 가동할 연료가 바로 부모 세대의 기도이다. 이 기도가 강력하면 강력할수록 엔진은 쉬지 않고 힘있게 작동할 것이다.

그런데 왜 하필 28분인가?

건강한 기독교인의 63%가 4세부터 14세까지(four fourteen window) 사이에 예수님을 구세주로 영접했다는 연구 보고가 있다. 이 연구에 따르면 18세 이상에서는 예수님을 영접하는 확률이 현저히 떨어진다고 한다. 다시 말해서 예수님을 전하기에 가장 좋은 나이는 4세부터 14세라는 의미이다.

4(4살) + **10**(✝: 십자가를 의미하는 숫자) + **14**(14살) = **28**(분)

4세부터 14세까지 ✝(십자가)로 묶어 복음의 반석 위에 든든하게 세워 거룩한 다음 세대를 일으키자는 의미에서 기도 시간을 28분으로 정했다. 이 기도회는 매주 토요일 11시 15분 본 교회 2층에서 진행된다. 그리고 같은 시간 1층에서는 자녀들이 영어로 말씀을 배운다. 같은 교사, 같은 교재, 같은 학생이라 할지라도 기도를 한 것과 하지 않은 것은 그 결과가 천지 차이일 것이다. 우리는 이 기도회가 우리 교회뿐 아니라 대한민국 모든 교회, 나아가 전 세계에 복제되기를 소망한다. 그래서 우리는 국가 경계와 국적을 불문하고 모든 부모 세대가 자녀 세대를 향해 다시 한번 해산의 기도가 드려지기를 기도한다.

나의 자녀들아
너희 속에 그리스도의 형상을 이루기까지
다시 너희를 위하여 해산하는 수고를 하노니
(갈라디아서 4:19)

그럴 때 전 지구상에서 거룩한 주의 청년세대가 물일 듯 일어날 것이다. 세상은 우리의 자녀 세대를 곱지 않은 눈으로 바라본다. 몇 년 전까지 3포 세대라고 하더니 5포 세대라고 부르다가 지금은 N포 세대라고 말한다. 경제적인 이유로 결혼, 취업, 주택 구입 등 여러 가지를 포기해야만 하는 세대인데 그 개수가 점점 늘어 이제는 포기해야 하는 것을 셀 수 없다고 하여 N포 세대라고 부르는 것이다.

그러나 이것은 세속주의에 속고 있는 것이다. 성경은 분명 우리의 자녀 세대를 향하여 '새벽이슬 같은 주의 청년세대'라고 부른다. 어떻게 성경은 마지막 때에 새벽이슬 같은 주의 청년세대가 일어날 것이라고 단호히 말씀하실 수 있을까? 그것은 마지막 때 부모 세대를 향한 하나님의 신뢰 때문이 아닐까?

그리스도 안에서 일만 스승이 있으되
아버지는 많지 아니하니
그리스도 예수 안에서 내가 복음으로써
너희를 낳았음이라
(고린도전서 4:15)

부모 세대가 깨어나 다시 한번 생명을 갈아 넣는 해산의 수고가 있어야 할 것이다. 상상하여 보라! 같은 시간에 28분 동안, 전 세계 각 도시에서 동시다발적으로 기도하는 부모 세대의 모습을……. 이 기도회를 통해 다음 세대가 부흥의 엔진 역할을 감당하며 힘차게 작동할 것이다.

우리는 하나님의 신뢰에 믿음으로 반응해야 한다. 내가 낳은 자녀뿐 아니라 하나님의 모든 자녀 세대를 향하여 다시 한번 해산의 수고를 아끼지 않는 기도가 필요하다.

그것이 바로 하나님의 소망이기 때문이다.

내가 만일 그렇게 하면
이런 일이 있으리라 한
성경이 어떻게 이루어지겠느냐
(마태복음 26:54)

예언된 성경은 그냥 이루어지는 것이 아니다. 예수 그리스도는 성경의 예언을 성취하시기 위해 당신의 능력을 사용하지 않으셨다. 그리고 도살장에 끌려가는 어린양과 같이 십자가에 달리셨다. 그것이 성경에 기록된 예수 그리스도의 사명이었기 때문이다. 그렇다면 성경에 기록된 우리의 사명은 무엇인가?

……그래도 이스라엘 족속이
이같이 자기들에게 이루어 주기를
내게 구하여야 할지라.
(에스겔 30:36)

이것이 부모 세대가 자녀 세대를 위해 기도 해야할 이유이다.

에필로그

나 신바울의 지나온 삶을 추억하며 오늘의 존재 목적이 무엇이냐고 묻는다면 '나는 광야에서 외치는 자의 소리'라고 말하고 싶다. 십자가 복음이 나를 변화시켰고, 십자가 복음을 누구보다 사랑했으며 그 십자가를 전하고 싶어 청춘을 길거리에서 보냈다. 하나님께서 길거리를 하늘길로 바꿔 지경을 넓혀 여러 나라를 다니며 복음을 전하게 하셨다. 그리고 이제는 다시 돌아온 한국에서 송도주예수교회를 개척하게 하셨고 창끝선교회를 시작하게 하셨다.

송도주예수교회의 존재 목적은 창끝선교회다. 하나님께서 친히 교회를 세우시고 그렇게 이끌어 오셨다. 그렇다면 창끝선교회의 존재 목적은 무엇일까? 예수님의 다시 오실 길을 준비하는 것이다.

나는 청년 시절 성령의 능력과 기름 부음에 관련된 책을 모조리 사서 읽었다. 성령의 능력을 너무도 사모했기 때문이다. 그리고 한 시대를 이끌었던 부흥의 주역들의 자서전을 거의 다 읽었다. 그들의 신앙을 닮고 싶었기 때문이다. 성경 말씀과 부흥의 사례들을 읽고 보면서 탄식했다.

"주여 내가 살아 숨을 쉬는 동안
나도 부흥을 보게 하옵소서"

하나님의 영광이 온 땅에 가득한 그 날을 상상하면 지금도 가슴이 터질 것 같다. 상상하여 보라! 예수님의 이름 앞에 셀 수 없이 많은 무리가 무릎을 꿇고 자신의 죄를 회개하며 예수님의 이름을 고백하는 장면을……. 그리고 그들과 함께 올려 드릴 천상의 예배를 상상하여 보라!

그들이 새 노래를 불러 이르되
두루마리를 가지시고 그 인봉을 떼기에 합당하시도다
일찍이 죽임을 당하사
각 족속과 방언과 백성과 나라 가운데에서
사람들을 피로 사서 하나님께 드리시고

그들로 우리 하나님 앞에서 나라와 제사장들을 삼으셨으니
그들이 땅에서 왕 노릇 하리로다 하더라

내가 또 보고 들으매
보좌와 생물들과 장로들을 둘러 선
많은 천사의 음성이 있으니 그 수가 만만이요 천천이라

큰 음성으로 이르되
죽임을 당하신 어린 양은 능력과 부와
지혜와 힘과 존귀와 영광과 찬송을 받으시기에
합당하도다 하더라

내가 또 들으니
하늘 위에와 땅 위에와 땅 아래와 바다 위에와
또 그 가운데 모든 피조물이 이르되
보좌에 앉으신 이와 어린 양에게 찬송과 존귀와
영광과 권능을 세세토록 돌릴지어다 하니

네 생물이 이르되
아멘 하고 장로들은 엎드려 경배하더라
(요한계시록 5:9~14)

매일 자는 둥 마는 둥 신음 섞인 잠꼬대를 하며 부흥의 날을 갈망해온 나에게 하나님께서 창끝선교회의 비전을 주셨다. 이 비전은 나 혼자가 아닌 이 일에 부름을 받은 모든 사역자와 성도 그리고 교회들이 함께 받은 것이라고 믿는다. 송도주예수교회만의 사역이 아닌 대한민국의 모든 교회와 온 열방에 파송된 선교사가 한마음으로 부흥을 향해 달려갈 수 있기를 기도한다.

그러기 위해서는 먼저 로뎀나무 아래에서 흙을 털고 일어나 여호와의 산 호렙을 향하여 떠나야 한다. 내게 맡기신 사명, 그러나 아직 완수되지 않은 사명을 향하여 다시 달려야 한다. 사명자들이 다시 여호와의 산 호렙을 향하여 출발하도록 돕는 일, 이 또한 창끝선교회의 사명이기도 하다.

목사 한 사람의 사명이 회복되면 교회가 살아난다.
한 교회가 살아나면 그 지역이 살아난다.
선교사 한 사람의 사명이 회복되면 선교지가 살아난다.
한 선교지가 살아나면 그 나라가 살아난다.

이렇게 교회가 살아나고 선교 현장이 살아나면 예수 그리스도의 다시 오시는 길이 예비 되는 것이다. 하나님께서 약속하신 부흥을 부어 주실 것이기 때문이다.

주여! 주님께서는 주신 비전을 이루시고 홀로 영광 받으시옵소서 아멘!

애창곡 찬송가 490장(주여 지난 밤 내 꿈에 뵈었으니)을 올려드리며 이 책을 닫으려고 한다.

1. 주여 지난 밤 내 꿈에 뵈었으니 그 꿈 이루어 주옵소서
   밤과 아침에 계시로 보여주사 항상 은혜를 주옵소서

2. 마음 괴롭고 아파서 낙심될 때 내게 소망을 주셨으며
   내가 영광의 주님을 바라보니 앞 길 환하게 보이도다

3. 세상 풍조는 나날이 변하여도 나는 내 믿음 지키리니
   인생 살다가 죽음이 꿈 같으나 오직 내 꿈은 참되리라

(후렴)

나의 놀라운 꿈 정녕 나 믿기는 장차 큰 은혜 받을 표니
나의 놀라운 꿈 정녕 이루어져 주님 얼굴을 뵈오리라

저자소개

신바울 목사는 청년 시절 인천숭의감리교회에서 평신도 전도특공대장으로 섬기던 중 목회자로 부르심을 받고 1992년~1998년까지 인천제일감리교회 부교역자로 섬기는 동안 교회의 폭발적인 성장을 경험하였다. 복음의 능력은 타문화권에서도 통한다는 확신으로 1998년~2003년까지 필리핀 선교사로 사역하는 동안 현지의 샤머니즘과 혼합된 가톨릭의 종교색이 강했던 한 도시가 '순회전도 집회를 통한 지역 복음화 전략'으로 완전히 복음화되는 것을 경험하였다.

선교 현장에서의 도시 복음화 경험에 학문적 전문성을 더 하기 위하여 미국 Fuller Theological Seminary 세계선교대학원에서 선교학을 전공하여 목회학박사 학위를 받았다. 그 후 선교 현장의 경험과 학문적 이론을 기초로, 선교 지향적 교회(Missional church)를 세우기 위하여 2003년 미국의 메릴랜드주(州)에 그레이스교회를 개척하고 2013년까지 담임목사로 섬겼다. 같은 기간 국제 오엠 선교회(OMKAM) 미션퍼스펙티브 특강 강사로 미주를 순회하며 강의하였으며, Washington Bapt. University& Seminary 전도학, 선교학 교수로 후학들을 길러내었다.

미국에서 활발한 사역을 해오던 중 '다시 고국으로 돌아가 마지막 사역에 순종하라'는 말씀을 받고 2013년 고국으로 돌아왔다. 한국에 들어오기 전 21일 동안 금식하며 기도하던 중 꿈에서 보았던 바위에 올라 1년 동안 산 기도에 전념하며 한국에서의 구체적인 사역을 준비하였다.

2015년 노방전도를 하던 송도국제도시에 '송도주예수교회'를 개척하여 목회를 해오던 중 코로나 팬데믹이 전 세계를 강타했을 때인 2022년 주님께서 주신 강력한 감동을 따라 [창끝 선교회 Spearhead Mission]를 시작하게 되었다.

창끝선교회와 함께 이 사명을 감당할 후원자 1만 명 확보를 위해 기도해 주십시오.

창끝선교회 / 송도주예수교회
Tel : 032-831-0066
홈페이지 : https://songdojuyesu.com
국민은행 : 805901-04-354220(송도주예수교회)

이 책의 수익금 전액은 창끝선교회와 다음 세대 사역에 쓰입니다.

바위틈에서 피어난 기적

2024년 3월 15일 인쇄
2024년 3월 20일 발행

저　　자 신바울
발 행 인 홍성용
발 행 처 도서출판 대광의학
등록번호 제2015-000013호
주　　소 인천광역시 연수구 송도미래로 30 송도스마트밸리 D동 2006호
Tel. 02) 6737-2000　Fax. 02) 6737-2001
홈페이지 www.dkbooks.net
E - mail dkmd@daum.net
정　　가 18,000원
I S B N 979-11-88705-19-1 03230